UNIVERSALE
ECONOMICA
FELTRINELLI

TIZIANO FERRO

L’amore è una cosa semplice

Giangiacomo Feltrinelli Editore Milano

Prima edizione nell'"Universale Economica" febbraio 2013

Stampa Grafiche Busti - VR

ISBN 978-88-07-88010-0

Si ringrazia "Vanity Fair" per aver autorizzato la riproduzione dell'intervista di Enrica Brocardo a Tiziano Ferro (pp. 51-59)

Dedicato a chi ha il coraggio di cambiare vita
e a chi ha la forza di non cambiarla

2010

5 marzo, venerdì

Il giorno è arrivato. E io quasi non ci credo.

Alle 15.30 andrò per la prima volta a casa di Fabrizio e per la prima volta lo metterò di fronte alla mia realtà: tutta.

Non so da dove inizierò, ho deciso che voglio un po' improvvisare. Di sicuro gli dirò che l'unica alternativa a vivere la mia vita, a vivere la mia vita davvero, è smettere di cantare e che le vie di mezzo non mi interessano più.

L'aereo sta per atterrare a Milano. Ho lo stomaco stretto per il nervosismo, ma la verità è un'altra: il senso di liberazione e l'eccitazione per quello che la vita futura può darmi sono già grandi.

Dopo oggi pomeriggio niente sarà più uguale a prima.

Cinque marzo duemiladieci. Voglio scriverlo per esteso.

7 marzo, domenica

Torno da Milano e torno dalla psicologa.

L'incontro con Fabrizio è stato un'illuminazione, la dottoressa – quando gliel'ho raccontato – l'ha definito "emozionante".

È stato un sollievo confrontarsi con qualcuno, lo avevo

già sperimentato con mio padre ma una volta di più mi sono reso conto che la condivisione è il dono più bello. Oggi per me è così.
Fabrizio mi ha detto che parlare è stato un sollievo anche per lui: finora, solo una cosa gli era pesata nel nostro rapporto di lavoro ed era il carico della mia evidente infelicità, il perenne senso di insofferenza e insoddisfazione anche di fronte agli eventi più belli. Il distacco e il tormento interiore che trasparivano continuamente dal mio modo di guardare, di muovermi, di parlare, e che mi impedivano di godere di qualsiasi successo, anche enorme.
Io la musica non posso lasciarla. Devo trovare la maniera di PARLARE, con calma e intelligenza... calmo di certo lo sono, per il resto non garantisco.
Mi sento di farlo, e basta l'idea a farmi stare meglio.
Ho deciso che mi racconterò agli altri attraverso i miei quaderni. Queste pagine diventeranno un libro.
Sono veramente felice.
Ieri pomeriggio ho parlato anche con Samuele. Sto iniziando ad aprirmi con tutti i miei amici, tutti quelli che – in questi anni – sono stati testimoni muti e rispettosi del mio silenzio e della mia inquietudine. Le mie ancore di salvezza.
Voglio condividere con loro la gioia e la speranza, dandogli la possibilità di starmi vicini... come avrebbero sempre voluto e come io non gli ho quasi mai permesso.
Non mi sono mai sentito così convinto e sicuro rispetto a qualcosa, davvero.
Che bello avere trent'anni.

13 marzo, sabato
Comincia il viaggio della speranza!
Sveglia alle 5.00 per prendere l'aereo delle 6.50: dieci

minuti in aria e poi marcia indietro, siamo dovuti rientrare per colpa di una porta difettosa.
Arriverò a Milano con quasi tre ore di ritardo e domani ho una giornata di promozione con Mary J. Blige, sono contento di rivederla anche se me la faccio addosso all'idea di dover cantare in diretta dal vivo con lei... mamma!
Oggi tutto è emozionante, avvolto solo da pensieri veramente belli. Ringrazio la vita con le lacrime agli occhi per il coraggio che sto scoprendo dentro di me.
Ieri ho parlato anche con Sara. La lista si accorcia, ma mancano i più emotivamente complicati: mamma e Flavio. Adesso però è ancora presto per pensarci.
Non mi resta che andare a recuperare i quaderni e iniziare il lavoro di copiatura, anzi, ho deciso che mi regalo un computer nuovo... per cominciare nel modo migliore questa nuova avventura.

14 marzo, domenica
Non so che ora sia, ma dopo una giornata così intensa credo di averne il diritto.
Sto tornando in Inghilterra, questo continuo avanti e indietro mi massacra, ho un sonno che potrei dormire anche qui, subito... e per me è tutto dire!
Mi sembra che una distanza infinita mi separi da casa. Meno male che ho solo il bagaglio a mano.

19 marzo, venerdì
Strano. È perlomeno strano scrivere su questo quaderno negli stessi giorni in cui sto copiando su pc i quaderni vecchi. I quaderni che diventeranno un libro.
Avrei dovuto dormire a Roma, ma oggi Alice festeggia il suo sesto compleanno e quindi andrò a Latina per farle una sorpresa... e sono già sei!!!

Lato negativo: per prendere questo volo mi sono alzato alle 4.30 e sono distrutto dal sonno.
Lato positivo: non sto più nella pelle per il libro e per l'anno che mi attende. Vorrei aver già parlato con tutti e stare in questo limbo mi pesa ogni giorno di più.
La scorsa notte ho sognato che Rebecca mi faceva una sorpresa, veniva a prendermi all'aeroporto di Manchester. È la seconda volta in una settimana che la sogno. Penso spesso a lei ultimamente, ho voglia di parlarle. Ho addosso un profondo senso di tenerezza e affetto, mi sento carezzato da quest'idea. Sto bene.
Il libro sta diventando grande. Il materiale è tantissimo e non è facile scegliere le pagine e gli episodi da raccontare, ma più lo scrivo e più mi piace.
Mercoledì, cambiando discorso, andrò con Fabrizio a trovare Giulia Bongiorno.
Mi è sempre piaciuta e, anche se forse non fa al caso mio, voglio un suo parere, un consiglio, un punto di vista. Ho bisogno di un confronto perché mi fido di lei, mi piace la sua maniera di vedere le cose. Per qualche motivo, sento che sarà un incontro che mi farà bene. Anzi, lo so.

23 marzo, martedì
Ero sicuro di non sbagliare, sicurissimo.
Io le persone le capisco sempre, e le migliori le riconosco al volo, è difficile che mi sbagli. Per trent'anni è stato così.
Lo sapevo, quindi, che andare da Giulia Bongiorno era una buona idea.
Il confronto mi ha arricchito di spunti e adesso mi sento ancora più motivato. Secondo lei, ora che mi accetto e mi rispetto, non ho bisogno di assoluzioni.
Mi ha colpito quando, serafica, ha detto che non si può

vivere l'omosessualità come una malattia invalidante. Ha aggiunto che mi ha visto deciso, caparbio, di carattere e soprattutto in grado di comunicare la situazione alla gente con chiarezza, come ho fatto con lei: "Oggi tutti cercano il successo e tu ti esponi al rischio di perderlo proprio nel momento in cui ne hai tantissimo. Questo è coraggio, e una persona così va rispettata e ammirata". Non se n'è accorta, almeno spero, ma questa frase me la sono scritta immediatamente sul cellulare, avevo paura di dimenticarmela.
Ho passato tutta la notte a copiare diari, ho addosso una fretta bellissima ed entusiasmante – anche grazie all'incontro con la Bongiorno, che oltre a darmi forza ha saputo farmi ridere. Le persone intelligenti sono sempre simpatiche.
"Non c'è cosa migliore che andare da un penalista quando non se ne ha bisogno" era stato l'esordio. Anche questa me la sono scritta, ma stavolta l'ho anche ringraziata per avermi fatto sorridere. E per avermi dato un po' di speranza.
Guardia alta, testa bassa e continua così. L'istinto non fallisce MAI e d'istinto sono sereno.

13 aprile, martedì
Non ho tempo né voglia di scrivere su questo quaderno. Mi sembra tutto una barzelletta. Vorrei solo finire di copiare i quaderni vecchi.
Sto andando a Milano per scegliere un editore. Meno male che questo sabato vengono a Manchester Andrea e Rebecca, spero di riuscire a distrarmi un po'. La settimana scorsa è venuto Marco e avere vicini i miei amici è un sollievo. Mi sento sostenuto e amato come non mai. È paradossale, o forse poi nemmeno troppo, ma a volte sembra che sia necessario trovarsi in una situa-

zione di difficoltà per capire il senso profondo dell'amicizia e comprenderne la reale bellezza.
E se per fare bene una cosa bisogna sbagliarne altre mille, io ho già dato. Adesso mi sembra giusto scambiare sensazioni ed emozioni positive con chi mi vuole bene, e basta.

18 aprile, domenica
Il bello di non avere in camera una connessione internet funzionante è questo: mi dedico al mio quadernino. Mi sentivo un po' in colpa ad averlo lasciato lì, solo. Non ci sono molte novità, solo una. Però è grossa: voglio tornare a vivere in Italia.
Dopo tre anni in Messico e cinque di esilio inglese, torno... a casa.
Forse "casa" sarà a Milano, una città che mi ispira fiducia e mi provoca anche una specie di eccitazione. Ha una certa sensualità.
Quello che doveva essere un week-end inglese con Rebecca e Andrea si è trasformato in un fine settimana milanese. Tutta colpa di un vulcano in Islanda che ha bloccato i voli in mezza Europa. La Madre Terra rivendica il suo dominio sul mondo e mi costringe in Italia... evidentemente la natura fa il suo corso, e anche il mio.
Quindi, Milano.
Mi è venuta la MILANESITE. A parte la molestia imperante causata dalla partenza dei ragazzi, che sono dovuti tornare a Latina in treno, sembra che negli ultimi giorni questa città abbia voluto rivelarmi il suo peggio. Clima ostile, persecuzione da parte della gente e solitudine si sono manifestati ai massimi livelli e oggi sento decisamente la mancanza della mia casetta inglese e del mio letto soporifero.

Ho deciso che questa è solo una fase breve e circoscritta, transitoria, che dev'essere vissuta esattamente per quello che è: una veloce parentesi prima di trasferirmi su un pianeta nuovo.
Sto completamente in un altro mondo rispetto soltanto a qualche mese fa e sento che l'ambiente che mi circonda è più bello, sano, capace finalmente di comprendermi.
Da quando ho preso la decisione di "uscire" mi amo e mi rispetto di più, mi sono assolto da una condanna che mi ero inflitto da solo, costringendomi in un carcere del quale, paradossalmente, ero custode delle chiavi.
L'altro ieri ho parlato di tutto con Andrea e lui ha capito, si è dimostrato l'amico che è.
Ora vorrei solo che mi passasse la milanesite!

20 aprile, martedì, 22.24
Penso alla mia incontenibile voglia di vita nuova, sto cercando casa a Milano.
Mi sento un po' ingenuo, ma mi sembra che questo sia l'unico viatico per andare incontro all'amore... l'amore vero.
Rinchiuso in me stesso non ci voglio più stare. Mi vedo proiettato in un mondo in cui disprezzare la propria essenza semplicemente non è un'opzione.
Passando ad altro, oggi in questa città mi stanno tutti troppo addosso e non trovo pace, la pressione della gente mi spaventa e in questo momento essere famoso non mi piace proprio. Ma in cosa mi sono infilato?
'Sto cavolo di vulcano islandese che fuma continua a impedirmi di tornare a casa. Vabbe'.

24 aprile, sabato, 14.41
Sull'aereo per Madrid, promozione per il tour.

Dopo tanti giorni a Milano e tanti appartamenti visitati e scartati... non ci capisco più niente.
Anche se una casa per la verità ce l'ho, però editrice. Kowalski pubblicherà il mio libro. Ora ho l'ansia di terminare la battitura degli ultimi quaderni e per questo vorrei tornare il prima possibile.
Eppure, allo stesso tempo, ho una strana voglia di andare a Madrid, che è sempre "liberatoria"... quando passeggio per le sue strade inconfondibili e rassicuranti, l'ansia si alleggerisce. E il mio cervello si rassegna.
Alfredo è a Torino, Stefano a cercare piante grasse con fidanzata e cane, Martina sotto la pioggia in Sardegna a casa di sua madre, con Samuele. Carlo a badare ai clienti ubriachi del suo locale e io a cantare in tv con i bambini spagnoli. Che compagnia surreale.
La ricerca della casa prosegue con un sottofondo di sentimenti contrastanti attraverso i quali si districa la mia voglia di tornare a vivere in Italia.
Ho deciso che d'ora in poi asseconderò i suggerimenti che la vita non smette di lanciarmi e quindi non venderò la casa inglese anche se voglio tornare vicino ai miei amici, ai miei amori.

26 aprile, lunedì
È proprio lunedì, come mi ha appena scritto Stefano lamentandosi del fatto che la settimana ricomincia. Torno da Madrid con tante altre esperienze alle spalle e un'aria leggera nel cuore.
Prosegue la ricerca della casa a Milano, mentre il resto della vita scorre scandito dai giorni del mio passato: rileggo i vecchi quaderni, a volte mi scontro con i miei drammi, a volte ritrovo momenti di gioia. La cosa più bella è poter finalmente ridere di episodi che, mentre li vivevo, mi sembravano tragedie.

Ho conosciuto un ragazzo, amico di Carlo, ma la situazione è perlomeno controversa. Non mi sento ancora in condizioni di mettermi in gioco e poi, onestamente, ho paura di non essere all'altezza e fare brutte figure.

28 aprile, 14.00
Si torna in Inghilterra dopo un'odissea di dodici giorni a Milano (con una valigia da due).
Guardavo la città con gli occhi di chi già ci vive e non riuscivo a contenere la mia gioia all'idea di arrivare qui da persona libera. Riuscirò a interrompere il mio lento suicidio quotidiano? Di certo, questa potrebbe essere la strada.
Il vulcano fumante comunque non ha rallentato né la stesura del libro né la ricerca della casa, ce la farò!
Elenco delle ansie giornaliere, magari se le scrivo qui riesco a chiuderle nel quaderno:
a) i risultati del test sull'Hiv. Non sono realmente preoccupato, ma fare le analisi mi mette comunque ansia;
b) devo andare in banca e iniziare le pratiche per chiudere il conto in vista del mio ritorno in Italia. Odio parlare con i bancari inglesi, mi mettono a disagio e li capisco poco... in ogni senso. Vorrei che ci fosse un servizio di mental-banking: tu pensi a quello di cui hai bisogno e un telepata-bancario svolge le funzioni automaticamente e velocemente, poi ti invia una conferma via sms. Zero contatto umano, nessuna parola, mai;
c) la casa da pulire, la spesa da fare... ma non è troppo complicato. Solo che, da quando mi penso cittadino di Milano, prendermi cura della casa inglese mi pesa un po';
d) riprendere l'attività fisica perché sembro un cinghiale (obeso);

e) fare qualcosa per la mia voce perché sembro un cinghiale (obeso) rantolante;
f) finire di copiare tutti 'sti benedetti quaderni – ebbene sì, l'impresa è impegnativa.
Ma il tempo c'è, se po fa'.
Con l'amico di Carlo niente, mi arrendo. Sicuramente io sono problematico e non riesco a sbloccarmi, ma lui è persino più pesante di me e se non trovo una persona più dinamica sono finito. L'imperativo è "sorridere", quindi il soggetto in questione si becca della "Zavorra" (dalla fervida fantasia di Martina, che ha ribattezzato così il pesantone) e un bell'adiós. Peccato... ma neanche troppo.

6 maggio, 15.07
Finalmente ho finito!!!
A forza di ricopiare quaderni vecchi non so più che anno è. So bene, però, in che fase sono: una gran bella fase. Di cambiamento, disconnessione, caduta massi.
Non so quanto cambierà la mia vita dopo che mi sarò liberato da questa autoreclusione, non so cosa effettivamente migliorerà. In questo momento, spesso ho la sensazione che tutto sia solo una enorme scusa per rimandare i conti con me stesso.
Sono così impaziente che mi viene quasi voglia di commettere l'errore più stupido del mondo e pensare che tutto andrà bene per forza, di essere del tutto ottimista.
Intanto ho una primavera e un'estate da affrontare, tentando di darmi la possibilità che lentamente la vita vada sempre meglio.
Domani firmerò il contratto con Kowalski e poi andrò a vedere il concerto dei Black Eyed Peas.

7 maggio, venerdì
Sull'aereo per Milano. Ho appena finito di rileggere il 2009, giusto il tempo di veder morire la batteria del computer. Quindi non riuscirò a consegnare la chiavetta con il materiale rivisto.
Sono curioso ed emozionato all'idea di firmare un contratto con una casa editrice. Chissà quanti scrittori "veri" sognano questo momento da quando sono piccoli, dal primo racconto battuto a macchina – o forse ormai direttamente al computer – fino al primo tentativo di romanzo.
Quante cose si fanno per la prima volta a trent'anni!

13 maggio, giovedì
Solito volo da Milano, tornare in Inghilterra mi sembra sempre più strano da quando ho nella testa "il Ritorno". La ricerca della casa prosegue, continuo a pensare a me che giro per le strade di Milano con la mia nuova macchinetta... che presto comprerò.
Rileggo i diari e mi fanno schifo. Se questo libro fosse un disco direi che siamo nella fase che precede la finalizzazione del master, subito dopo aver mixato l'album, quando ormai sono stremato dal milione di ascolti ripetuti e le canzoni mi sembrano tutte sbagliate, da rifare, anzi, no... da buttare. Ogni traccia sembra la brutta traccia di un brutto disco di un pessimo autore che canta male... e che purtroppo sono io.
Poi passa, puntualmente passa.
Quindi mi consolo pensando che forse anche con i libri è così.
Intanto l'impazienza brucia e non sopporto più le scariche di adrenalina, incontrollabili. Ho voglia di intimità e di libertà, ho voglia di non sentirmi più costretto da nulla, tantomeno da me stesso.

È complicato ritrovarsi in una situazione come questa e come al solito a risentirne è la voce... che va via, succede ogni volta che mi sento incerto. Ma devo farmela tornare, perché tra poco ci sono i concerti in Spagna. Quindi sto zitto.

17 maggio, lunedì
Sto andando a Monte Carlo via Zurigo, domani parteciperò ai World Music Awards.
Frustrazione e attesa mi massacrano mentre allevio le mie inquietudini ricordandomi che si vive una volta sola!
Parlo con i miei amici e tutti sono felici per me e con me, mentre io mi sono martoriato per anni. Che genio dell'autodistruzione!
Mancano sempre Flavio e mia madre.
Ogni giorno che passa capisco meglio cosa ha rappresentato per me l'Inghilterra: un porto sicuro, un rifugio, una terra di mezzo tra un "prima" e un "sempre", cosa che fu. Mi dispiace solo che quest'anno non riuscirò a partecipare al saggio di Natale di hip-hop.

19 maggio
Non mi punirò con l'esercizio di rivivere i dettagli di una giornata troppo bella, oggi che non è giornata affatto, quindi mi limiterò ad appuntare qualche flash di quello che è successo ieri nella cornice surreale di Monte Carlo.
Sono arrivato con l'aria di chi, guardingo, si sente fuori luogo e fuori tempo: jeans, camicia stropicciata e maniche arrotolate alla meno peggio che mi ripromettevo di sistemare una volta in hotel. Dopotutto, stavo andando a ritirare un premio ai World Music Awards. Godo sempre un po' all'idea di arrivare vestito male in

un posto in cui tutti si sentono obbligati a vestirsi bene. Mi ripeto: "Ahò, io so' cantante!". Tanto poi ho sempre tempo di darmi una ripulita prima di salire sul palco. Comunque c'erano tutti. Jennifer Lopez, i Black Eyed Peas, Paris Hilton, Andrea Bocelli. Ho rivisto Kelly Rowland e conosciuto Pharrell Williams. E poi c'è stata la mia premiazione.
Miglior artista italiano del 2009.
Ora, in questa situazione normalmente uno della mia età avrebbe ammirato tutte quelle star con gli occhi sgranati, sperando di conoscerle o semplicemente giocando a essere uno di loro almeno per una sera, grazie a quel pass con su scritto ALL AREAS che lo autorizzava a credere di avere il diritto di cenare al tavolo accanto a quello delle Pussycat Dolls.
Ma io normalmente non faccio quello che normalmente fanno gli altri.
Dopo aver ritirato il premio dalle mani di Roberto Cavalli e Asia Argento, mi sono schiarito la voce, ho ringraziato – nell'inglese più composto che potevo –, ho sceso le scalette del palco, ho rintracciato Fabrizio e l'ho costretto a scivolare via di corsa verso l'hotel, eludendo la sicurezza e passando di straforo dal retro del teatro. E mentre le mie scarpe lucide Dolce&Gabbana si impolveravano sul vialetto buio che ci portava direttamente all'albergo, già mi sentivo meglio.
Ero finalmente a mio agio, e più mi allontanavo, meglio stavo. Mi è piaciuto di più uscire nella penombra di quel percorso anonimo che entrare sul tappeto rosso mentre, invaso dai microfoni e dalle domande in varie lingue, accecato dai flash e strizzato nello smoking nero, tentavo di rimanere saldo nelle mie nuove D&G numero 46.
L'immagine più assurda che ricordo adesso è quel-

la di me che, mentre mi esibisco con *Breathe gentle*, in mezzo al pubblico noto will.i.am che mi guarda e, continuando ad aprire e chiudere la bocca, mi dico: "Ma cosa starà pensando? Mi sta guardando male? O è uno sguardo di disgusto? Capirà il mio inglese? Sta pensando che sono solo un grande *European trash bag*?".
E poi l'arrivo in hotel, l'incontro in ascensore con uno dei fratelli Gibb – cioè uno dei Bee Gees... non so se mi spiego! – che ci tiene a dirmi che in Uk la mia canzone sarebbe una hit e che se non l'ho ancora pubblicata nel Regno Unito devo farlo al più presto.
Mi ripetevo nella testa quelle parole mentre, entrato in camera, smettevo i panni di quello che si sente a suo agio e lasciavo in cantina – in vista di future occasioni in cui torneranno utili – gli ultimi residui della mia capacità di adeguarmi. Ho pensato solo a sedermi, tornare in me, tirare fuori la mia faccia da cretino, accendere la web-cam, afferrare il bietolone dorato che avevo ricevuto in premio e scattarmi una foto che ho inviato a tutti i miei amici.

Intanto, al Monte Carlo Sporting Club, per quelli "veri" la festa stava appena cominciando.

21 maggio, 20.30
Prove per le date in Spagna. Sono da solo in sala di registrazione, gli altri sono andati a cena.
Mi sento tornato indietro al 2002, al primo tour di *Rosso relativo*. Ero così piccolo. Davvero piccolo... e non lo capiva nessuno. Lo capisco io adesso.
Niente, effetti collaterali da lettura di vecchi diari.

23 maggio, domenica
Ma io che vengo a viverci a fare, a Milano?
Stretto tra gli sguardi curiosi di chi vede solo una persona famosa alla quale potersi avvicinare, in preda a qualche banale raptus di curiosità e stupore. Che ci vengo a fare? In questo mondo uguale a sempre, con troppa negatività e solo solitudine intorno?
A volte temo che questa sia una prova da superare prima di darmi davvero la possibilità di essere felice. E ne rifuggo, da buon fondamentalista della tristezza.
Forse, perso tra i dubbi su dove andare, sto dimenticando cosa sta per succedere.
Essere finalmente libero di parlare con gli amici aiuta, non lo nascondo, ma è un momento complicato: devono passare i mesi, e questa attesa diventerà più dura, e fitta di impegni e ulteriori pensieri... belli e brutti.
Una cosa strana: da quando ho deciso di "accettarmi" la mia riluttanza verso la fama è rimasta identica, anche se ne affronto le conseguenze con un po' più di serenità. È una piccola grande vittoria della quale mi sto rendendo conto a poco a poco.
È che pretendo di vivere la mia vita, innanzitutto.
Stanotte ho sognato Maria De Filippi. Mi diceva che la mia vita deve andare dove voglio io, l'importante è che non smetta di fare quello che faccio e COME lo faccio. Che strano sogno. C'è chi sogna padre Pio, io

sogno Maria De Filippi – certo che io una cosa normale mai, eh.
Domani, comunque, si vola a Madrid. Le prove in studio mi hanno magicamente iniettato un po' di sana voglia di cantare dal vivo. La gola non è messa benissimo, starò attento almeno per la breve durata di questo tour.

24 maggio, lunedì
E si va a Madrid per il primo concerto spagnolo.
Ieri sono stato in giro per Milano con Martina e gli altri e non mi ero mai sentito meglio, come realmente connesso a tutti i miei amici, a chi ho accanto. È strana come sensazione, di certo bella, anche se mi ci devo ancora abituare. Farmi guardare per quello che sono, offrire me stesso senza schermature inutili. Bello quasi da far terrore.
Non penso ad altro, sono monotematico, lo so, ma credo sia inevitabile in una fase così delicata della mia esistenza.
Sono così in pieno tormento che ho voglia di suonare... e infatti a Madrid si suonerà.

28 maggio, venerdì, 15.10
Valladolid, in camera mia in attesa di muoversi per il concerto.
Madrid e Barcellona sono andati benissimo, concerti divertenti, vivi, speciali, ma del resto in Spagna è sempre così.
Non bevo e sono a dieta, bravo bambino al 100 per cento. L'umore è alto e sono sempre più contento all'idea di pubblicare il libro.
Giulia l'ha trovato *extra ordem* e Daniela ha detto che leggendolo ha capito perché in un articolo che aveva letto tempo fa mi si definiva "un gigante"... i contenu-

ti arrivano dritti in faccia. Io un po' mi imbarazzo di fronte a queste reazioni, però in un momento così delicato questo tipo di sostegno diventa vitale. E spero che siano commenti sinceri. Anzi, ne sono sicuro.
La cosa strana è che questa mia nuovissima fase di liberazione mentale non mi porta a desiderare nuovi incontri. Boh.
Allora, visto che sto dando spazio al dubbio: punizione. Rileggo le bozze del libro da cima a fondo alla ricerca di nuovi e sorprendenti strafalcioni!!! Ho scoperto una serie di termini da me coniati come "orgizio" e "spubblicare". Il bello è che con Giovanna abbiamo riso tantissimo, il brutto è che ancora oggi non ho capito che cosa volessi dire.

30 maggio, domenica, 10.50
È finita! Con il concerto di Valladolid si chiude ufficialmente tutto il lavoro di *Alla mia età*. Con grande amore per quello che per me rimarrà un disco importantissimo, sotto troppi punti di vista.
Mi arrivano altre proposte di concerti e partecipazioni televisive, ma non me la sento. Adesso devo dedicarmi al libro, e possibilmente al riposo. Anche perché dopo il libro bisognerà cominciare a pensare al disco. Voglio anche stare un po' di tempo così, nel nulla fare di un "sia quel che sia".
Il libro piace agli editori e il mio animo in ribellione trova pace grazie ai loro magnanimi commenti. Mi sento troppo fuori luogo come scrittore, ho bisogno di po' di sano sostegno per acquisire una certa sicurezza. Dopo anni vissuti arrangiandomi alla meno peggio, cosa vuoi che siano cinque mesi? Voleranno. Non manca tanto.
E poi ultimamente il cibo non mi tortura, gran sollie-

vo. Soprattutto adesso che devo concentrarmi su tutte le nefandezze burocratiche che il mio ritorno in Italia prevede. In sintesi: una serie di rotture di palle!
L'estate passerà tra la lavorazione del libro, la ricerca della casa e le rotture di palle di cui sopra.
Trema il tavolino dell'aereo per una turbolenza, immobile rimango io di fronte al corso delle cose, quindi... per oggi chiudo qui.

15.16
No, per oggi non chiudo affatto qui. Sono in taxi in preda ai morsi della fame, non ho niente in frigo e scrivo per distrarmi dalla voglia di ordinare una pizza per telefono, in modo che arrivi a casa insieme a me. Ho voglia di pasta e pizza, nooo!!!
E in aereo tutti mangiavano snack, cioccolatini, bevevano birra e champagne e ridevano: bastardi!!!

2 giugno, mercoledì
Sto andando a Milano. Mai più con questa compagnia low cost. Stipato come in un carro bestiame e perseguitato dalle multe per un chilo di bagaglio in più. Mi sento un deportato, stretto in questo sedile scomodo mentre cerco di proteggere le mie trombe di Eustachio dalle urla dei due amabili gemellini seduti nella fila dietro la mia. E manca ancora così tanto all'arrivo.
Ma stasera c'era posto soltanto su questo volo e domani ho appuntamento con il proprietario di una casa che mi piace.
Comunque non si può andare a vedere *Sex and the City 2* e poi volare con questa compagnia "a basso tutto", la hostess ti si rivolge come ai tempi della tratta degli schiavi – dove chiaramente gli schiavi siamo noi.

Credo di essere ufficialmente entrato in una specie di fase di apatia sentimentale. Era tanto che non provavo questa sensazione. Sono così frustrato e impaziente che le mie pulsioni implodono, mentre il mio corpo si rifiuta di guidarmi fuori da questa stasi. C'è bisogno di una svolta che, all'orizzonte, non intravedo nemmeno.
Cerco una maniera di trascorrere i prossimi novanta minuti camminando sul ciglio di questo baratro da perfetto scenario apocalittico.
Amen.

4 giugno, venerdì
Sono in aereo e per passare il tempo penso all'uomo ideale. E pensando all'uomo ideale penso di essere alla frutta, se non io di certo il mio sistema nervoso.
Sto facendo ridere tutti gli amici con le mie farneticazioni sulle qualità che potrebbero farmi innamorare, ma alla fine è venuto fuori solo un elenco di cose da evitare e così più che di "uomo perfetto" ci siamo ritrovati a parlare di "men disasters".
Disastri d'uomo.

11 giugno, venerdì, 15.31
I giorni passano lenti mentre consumo il tavolino del solito Starbucks. Seduto qui, affido alla pagina bianca le considerazioni su una vita che finisce, aspettando che una nuova veda la luce.
Oggi penso male, male di tante persone. Ho deciso che questa sarà la giornata dell'allenamento all'odio. E nel mio inconscio scorro con onestà tutti i conti che ho in sospeso con persone alle quali non ho mai confessato di avergli voluto del male.
Infatti, dopo l'inflazionato TVB bisognerebbe intro-

durre nel linguaggio di tutti i giorni un più schietto e coerente TVM: ti voglio male.
E ci scrivo una canzone mentre mi arriva un messaggio di Martina: "Stavo per scriverti che sei proprio bravo, ma non sarebbe abbastanza. Per me sei sempre stato un esempio di saggezza, intelligenza e determinazione e per questo sono felice e fiera di averti nella mia vita. Spero che presto stiano tutti zitti e che tu possa iniziare a vivere serenamente, come meriti".
Questo a ricordarmi di come il bene fa sempre più rumore del male, nonostante io voglia allenarmi a tutti i costi a pensare il contrario.

13 giugno, domenica, 11.31
In un baretto qualsiasi di fronte a un pessimo cappuccino a metà.
Odio avere troppo tempo per pensare, soprattutto quando i pensieri mi portano ad aver terrore del futuro, come oggi.
Poi mi sento in colpa perché non sto scrivendo molte canzoni e questo mi fa impazzire, mi destabilizza: da sempre, sprofondare nei testi che poi canterò è il mio modo di prendermi cura di me stesso. Non ho voglia di vedere nessuno, ma so che è solo una forma (stupida) di difesa dettata dalla fragilità della quale in questo momento mi sento preda. E non vale la pena.
Non mi sto sbagliando, non si può sbagliare quando ci si vuole solo riconsegnare a se stessi per quello che si è.
È soltanto una giornata nuvolosa, è soltanto il cappuccino inglese imbevibile.
Tra non molto tutto sembrerà più semplice, l'esperienza mi ha insegnato questo.
La domenica comunque fa sempre cagare.

18 giugno, venerdì
Sono ancora mezzo addormentato. Durante questi tre giorni ho amato la mia città, pur con le sue psicosi – le falsità e le ostilità tipiche della provincia.
È bastato il motorino di Flavio per sentirmi "back to '94" e mi è piaciuto.
Che dire? Mi è sembrato che nessun posto possa essere più bello di Latina.
E con questa certezza nel cuore me ne vado a Milano per la celebrazione dei vent'anni di Dolce&Gabbana e poi in studio a registrare il demo di una canzone che ho appena scritto, *L'ultima notte al mondo*: "e ricordati, ricordami / tutto questo coraggio non è neve. / E non si scioglie mai / neanche se deve".

23 giugno, mercoledì
Niente, l'idea di investire praticamente tutti i miei risparmi in una casa non ha funzionato. Milano è bella, ma le case che ho visto no, per non parlare dei prezzi. Sto pensando a un affitto provvisorio... poi si vedrà.
Lavorare sul libro sta veramente tirando fuori il meglio di me: mi diverto, rifletto, rido, rido, rido, che la metà basterebbe a star bene tutto l'anno ancora.
Sto bene.

26 giugno
Il paese è stravolto dall'eliminazione dell'Italia dai Mondiali di calcio e io sono stravolto dalla visione di un essere umano interessante, finalmente, dopo secoli, anzi, dopo ere geologiche.
Uno shock per i miei occhi e per il mio intelletto, aria pura per la mia speranza. Sono tornato diverse volte sul "luogo del delitto" per tentare di incrociarne di nuovo il sorriso... ma niente.

Ho sognato che giocavo a pallavolo come da ragazzino, ma facevo pena.
Il lento cullarmi nei ricordi d'infanzia oggi mi rende malinconico e mi sento di nuovo negativo, grasso e scoraggiato. Reflussi dell'attesa mentre vivo le ultime puntate di quella che spero diventi una "vecchia vita".
Sarò mai felice?
Milano non è gentile con me ultimamente, ma io non mi arrendo. E mentre salgo sull'aereo che mi porta al mio ex Purgatorio, il Regno Unito, credo che prima o poi verrò davvero a vivere qui.
Che periodo folle, astruso. La mia frustrazione è grande, ma in realtà con la testa sono proiettato al futuro, futuro anteriore: "avrò fatto".
E sto bene, o comunque sempre meglio.

1 luglio, giovedì
Torno a Milano a lavorare per la correzione delle prime bozze.
QUANT'È BELLO VEDER NASCERE UN LIBRO!!! Stupendo!
Me n'ero già accorto mentre copiavo i quaderni, ma adesso riorganizzare la mia ex vita in paragrafi e sistemare le date, scoprendo connessioni, capendo meglio emozioni e stati d'animo, è quasi come dare un corso e una regola anche alla vita che verrà.
Tutto quello che mancava fluisce fuori dal mio cervello come se fino a ora fosse stato intrappolato, una meraviglia.
Soffro ancora un po' per la dieta che ho iniziato prima del tour spagnolo, ma la vivo in maniera meno drammatica del solito. E proseguo... aspettando una ricaduta da cibo.
Si va a Latina per il compleanno di Andrea e di Flavio, e intanto scrivo, scrivo, scrivo.

2 luglio, venerdì, 14.13
Business lounge di Milano.
Ma perché esistono le famiglie snob con i loro figli snob e rumorosi che infestano questo posto? Una massa di impuniti. Mi verrebbe da gridare che questo spazio voglio condividerlo solamente con persone che i loro casini li combinano fuori di qui o dentro la loro testa. Il rumore sta cambiando il colore di una giornata nella quale mi ero – eccezionalmente – svegliato di ottimo umore.
La frustrazione, l'attesa, la dieta e ancora un po' di solitudine mi vedono trascinare le gambe da un posto all'altro e mai come oggi la definizione "anima in pena" mi calza a pennello.
Giovanna ha detto che ho iniziato a pensare con la testa da scrittore e, anche se la cosa mi imbarazza, mi rendo conto che con la penna in mano potrei fare il Giro d'Italia a piedi senza sentirmi affamato, assetato, nudo. Specie adesso che si è scaricata la batteria dell'iPod e non c'è la musica a difendermi dall'ostilità impertinente di questa giornata.

5 luglio, lunedì
E si torna all'ovile dopo un bel fine settimana.
Stasera dovremmo terminare la correzione delle prime bozze, poi mi dedicherò ai nuovi paragrafi che mi ha chiesto Alberto. Intanto sto scrivendo qualche canzone, suggerita perlopiù dagli stati d'animo del momento: sole e tiepido invadono la mia maniera di vedere le cose. Che possa venirne fuori un disco solare?
Ieri abbiamo "attrezzato" il compleanno di Andrea e Flavio in un bar di Latina organizzando il karaoke. Avevamo noleggiato l'impianto con tanto di proiettore per i testi e microfoni senza fili.

Andrea conduceva la serata, io lanciavo le canzoni e programmavo la musica, la gente sceglieva i brani dai cataloghi che avevamo stampato e si alternava sul palchetto, chiunque poteva lanciarsi. Noi super divertiti, anzi, io felice. La mia frustrazione sentimentale continua, ma è inutile ripeterlo.

8 luglio, giovedì
Mi sto abituando sempre più a guardare il mondo con la consapevolezza di chi sa che lo aspetta qualcosa di nuovo.
So di essere ancora fermo verso l'esterno, verso molti, ma non posso evitare di guardare gli altri cercando nel loro sguardo la comprensione esistente o futuribile, l'umanità.
Bevo pochissimo e il cibo condiziona decisamente meno la mia esistenza. Sarebbe stato difficile credere, se me lo avessero raccontato anche solo sei mesi fa, di riuscirci in un periodo tanto amorfo e complicato.
La correzione delle prime bozze è terminata e questo libro è ufficialmente la cosa più bella che mi sia capitata da un bel po' di tempo a questa parte. Il processo mi stimola, mi libera, mi diverte sinceramente, mi eccita, mi emoziona. Mi piacciono le persone che sto incontrando grazie a questo "imprevisto di percorso", imparo a conoscere loro mentre provo a capire meglio me.
Adesso avrei solo voglia di svegliarmi e accorgermi che fuori è Natale.

18 luglio, domenica, 16.24
La questione è una: bando alle stronzate. Mi separa una parete da mio fratello, e non è solo quella che divide le nostre stanze: è ora di parlargli.
Per aiutarmi a iniziare il discorso: un caffettino.

19 luglio, lunedì
Sarà che le nuove generazioni vivono in un mondo mentalmente più libero – più emancipato, migliore, anche se per certi aspetti spudorato e violento –, ma parlare con Flavio non solo non è stato difficile: è stato bello.
Perdiamo tempo a giudicare i più piccoli, quelli dell'era di Internet e dei social network, e non ci accorgiamo che – mentre li critichiamo – loro si sono presi il tempo per diventare più intelligenti. Hanno imparato a proteggersi, a difendersi e a essere più scaltri di noi nel tentativo di superare tempi così duri. Noi siamo distratti dai nostri surrogati di saggezza, loro intanto apprendono linguaggi nuovi e riconoscono l'amore più facilmente di quanto riusciamo a fare noi.
Questo, ieri Flavio me lo ha dimostrato con due parole.
È tutto così semplice quando il motore è l'amore vero.
L'amore vero è quello che semplifica la vita.

28 luglio, mercoledì
Con la vita "in freezer" è difficile lasciarsi andare a considerazioni intelligenti, quindi dedico un pomeriggio a leggere le seconde bozze del libro e mi tuffo nei miei errori passati, sperando per il futuro di riuscire a correggere il tiro. E non ho alternative, mentre improvviso la mia intera esistenza aspettando la fermata alla prossima stazione.
Lo scrivo qui e non lo dico: il libro è bello, BELLO. Non ricordo un momento del recente passato in cui sono stato tanto felice. Quindi mi adagio su questo strato surreale delle cose sperando che non finisca, come fosse una bellissima vacanza.
Ieri ho finito il demo di una canzone che ho scritto per

Carmen Consoli, si chiama *Guarda l'alba*. Sono molto orgoglioso di poter lavorare con Carmen.
Adesso farei il disco di un altro invece del mio.
Stati momentanei di un cantante in aspettativa.

29 luglio, 22.15
Mi sento nel bel mezzo di una gara e, come sempre quando il carico emotivo è troppo, la voce tende ad andar via. Vorrei che fosse già ottobre per liberarmi di questo peso. Uscirò, prima o poi, da questo carcere... uscirai Tiziano, l'hai già deciso tu.
Mi sento come se avessi capito solo all'ultimo minuto che il tempo per salvarmi stava per scadere, all'ultimo minuto prima dell'autodistruzione totale.
Domani vado in Sardegna da Martina e Samuele.

30 luglio, 2.56
Non so con quale forza scriverò le prossime, pochissime, righe.
In Sardegna non sono più andato, gli altri hanno perso il volo e quindi non sono partito nemmeno io. E qui eviterei ogni commento. Ho improvvisato un ritorno a Latina e durante il tragitto siamo rimasti bloccati quattro ore sulla Pontina: fino a quando, finalmente, siamo riusciti a muoverci e ho visto un tappeto di resti umani che, ho scoperto poi sentendo il giornale radio, erano quelli di un uomo, probabilmente ubriaco, che aveva provato ad attraversare.
Ora sto male, non so quando mi riprenderò e mi vengono in mente solo cose brutte: le ripicche, le assenze, le parole grosse. Non so perché, ma stanotte riesco a pensare soltanto ai miei errori di percorso. Spero solo di non essere sul punto di collezionarne un altro a breve.

1 agosto, 23.18
Sono annichilito dal profumo di dolce che proviene dal mio secchio dell'immondizia.
Se l'iconografia classica del tossicodipendente in overdose lo vuole sdraiato di fronte a un tavolino, con sopra una banconota arrotolata e gli ultimi residui di polvere bianca, e quella dell'alcolista ce lo fa immaginare sdraiato con le palpebre a mezz'asta, la faccia schiacciata sul pavimento, la camicia umida, la bocca impastata e accanto le bottiglie vuote, per chi "si fa" di cibo è diverso.
Per noi non c'è un'immagine, c'è un odore. Chissà se odorano tutti di buono, i cestini dell'immondizia di chi si sfoga col cibo?
Di solito, i rifiuti puzzano.
Io, storicamente, non ricordo di aver mai chiuso un sacchetto dei rifiuti senza essere stato investito dalla fragranza di scatole di biscotti appena vuotate, cioccolato, patatine e dolci offerti in sacrificio al momento.
La mia immondizia non ha puzzato mai. Ed era scientifico: più odorava bene, più voleva dire che stavo vivendo un momento difficile.
La mia immondizia non ha mai fatto schifo. E più era colorato e rassicurante il contenuto, più era triste e sconsolato ciò che gli stava dietro.
Non voglio conoscere nessuno che sappia davvero cosa significa quello di cui sto parlando, e se quel qualcuno già lo conosco non voglio accorgermene. Non voglio proprio saperne più niente di tutto questo.
Non mi interessa confrontarmi con chi ha alle spalle le mie stesse storie, ascoltare le sue motivazioni, capire i suoi alibi, sentire che sta peggio o che sta meglio.
Basto io.
Si contorce nel proprio stato chi si affida solo allo stomaco.

È una gara in solitudine a chi sta più male, sulla base dell'idea malsana che il dolore nobilita l'essere umano. E questa gara non può essere vinta da un altro. No, non lo accetto.
Oggi devo sapere che sto peggio di tutti.
I disturbati alimentari amano arrovellarsi e soffrire crogiolandosi in un male "di lusso" che non ci sembra neanche un problema.
Forse perché, dopo anni, ormai siamo in grado di controllarlo. O forse perché troppo cibo non fa pietà a nessuno, in un mondo così cinico e distratto. E noi gli diciamo "grazie", perché tutto quello che ci interessa è starcene per conto nostro.
Ognuno ha la sua storia ma io non voglio sapere niente, oggi sono malato di solitudine e fino a quando sarà così mi impegnerò a mantenere soltanto una posizione: la più deleteria, per me e la mia mente, una sola.
Questo è il momento in cui mi concedo all'errore, anche se spero che finisca, e trascinandomi dietro la noia come fosse un giocattolo vecchio, chiudo.
Mentre ci ricasco dopo tantissimo tempo, vengo assalito da un pensiero solo – tutto questo accade soltanto perché voglio rimandare ancora e ancora l'arrivo del giorno in cui mi farò carico della responsabilità più grande: essere veramente felice.

7 agosto
La sincerità è la madre di ogni vizio.
Oggi la cosa che più mi manca è il bacio.
Un bacio di quelli infiniti e passionali, ben dato e corrisposto da qualcuno che ti piace davvero. Che ti piace davvero, non parlo di amore... non per forza.
Mi manca il bacio, il sesso non può reggere il confronto, mai!

9 agosto
Quelli che, di fronte a un successo, mi chiamano "grande" sono poi i primi pronti a godere dalla pubblica umiliazione conseguente a un mio errore. Buffo.

12 agosto, giovedì
Oggi mi sento davvero come la versione low cost di me stesso.
Privato di ogni vanità, ridotto al minimo di quello che sono e rappresento, senza concedere un millimetro alla gioia, alla volontà, alla pace interiore. Funziona solo il necessario, tutto quello che faccio è al minimo: minimo sforzo e minima resa.
E poi sono in ritardo, in ritardo su qualsiasi cosa. Un ritardo le cui conseguenze ricadono su tutti indistintamente.
Penso a quanto il mio senso di socialità sia stato bloccato dagli eventi. Sono congelato in questa attesa, penso al me stesso di un anno fa e non capisco se davvero qualcosa è migliorato oppure no.
Svantaggi di quando ci si sente la versione low cost di se stessi.

14 agosto, sabato, 19.16
Scatta la prima Nastro Azzurro alla spina, che sono venuto a cercarmi appositamente in questo pub inglese come un lupo solitario.
Ci sono due cose che adesso non posso fare: continuare ad ascoltare la musica sparata a tutto volume dalle cuffie del mio iPod e scrivere con una penna a inchiostro liquido dietro questo volantino di carta semiplastificata.
La prima cosa da non fare – ascoltare l'iPod – la eviterei per necessità: se ascolto la musica mi perdo. Vera-

mente, non c'è scampo. Se c'è musica non faccio davvero attenzione a nulla se non alle canzoni, ai testi, alle voci, ai suoni e potrei tranquillamente finire sotto un Tir... senza nemmeno rendermene conto. Perdo l'orientamento, non riconosco i posti, non distinguo persone, pali della luce, nulla. E non connetto.
Anche la cattiva musica mi rapisce. Rapisce me e tutte le mie buone intenzioni. Mi viene paura della gente e divento asociale. La brutta musica mi mette sulla difensiva, da lei e da tutto il resto.
Quando leggo sullo schermo del mio iPod posizionato in modalità "casuale" che sta per iniziare una canzone che non ho voglia di ascoltare, cambio subito e devo farlo IMMEDIATAMENTE, prima che parta anche solo una nota. E lo faccio per non commettere uno dei crimini peggiori che esistano: suonare la musica sbagliata. La musica sbagliata è un'arma bianca e se ne sottovaluta sempre troppo la pericolosità.
Una musica fuori dal contesto è un dramma, capace di far deragliare anche le migliori serate, i più bei momenti.
Ecco perché fare il dj è complicato. È un mestiere delicatissimo, forse uno dei miei preferiti, e lo amo tanto che ho il terrore di provare a farlo... pur sapendo che sarei un disc jockey integerrimo, senza pregiudizi.
È la musica a decidere: giusta o sbagliata. Chi non rispetta il lavoro del dj non capisce e non potrà mai capire il potere di condizionamento di una canzone poco adatta sul cervello umano. Naturalmente vale anche il contrario: la canzone adatta esalta la gioia, la "dopa", normalizza i brutti pensieri, ti permette di aprire una finestra sulla vita che pensi di volere, quella perfetta almeno per quattro minuti.
Perdo tempo se mi illudo di poter essere circondato da

qualsiasi musica e rimanere sempre lo stesso. Perché in conseguenza della musica divento migliore o peggiore. Se ascolto qualcosa che asseconda il momento che sto vivendo devo estraniarmi, pagare il mio tributo a chi ha saputo scrivere qualcosa di veramente bello e a me che ho saputo riconoscerlo. Allora mi guardo allo specchio. Quando ascolto un brano che mi emoziona voglio vedermi cambiare, assistere al rilassamento dei miei lineamenti, vedere che luce hanno i miei occhi emozionati, fissare quell'immagine per poi ricordarmi di me quando sono felice. Per questo ringrazio la bella musica e chi me la fa conoscere.
Se poi qualcuno mi interrompe durante l'estasi dell'ascolto, arriva il cataclisma. Provo odio e disprezzo verso chi incrina il mio momento di sublime magia trascinandomi nel tugurio grigio delle immagini della vita reale, becera, futile. Perché, guarda caso, nessuno ti interrompe mai per motivi importanti o per comunicarti una bella notizia. No. Ed è sempre orribile assistere allo sfascio della bellezza che la simbiosi uomo-canzone era riuscita a donarti. È una bestemmia verso il dio che ha messo al mondo un'arte sublime come la composizione.
Una canzone brutta, invece, è la fotografia di un fastidio, della nullità.
Cosa separa una canzone bella da una brutta? L'onestà. Nel testo e nel canto. E la vera urgenza si riconosce sempre.
No, non posso tenere acceso l'iPod quando esco di casa, sarebbe come dichiarare a me stesso che in verità non sarei mai voluto uscire, che nemmeno spero di trovare qualcosa che non sia già nella mia mente... e solo lì.
Cambiando discorso: perché quando uno ha voglia di

scrivere non ha mai con sé quei bei quaderni che ha impiegato ore a scegliere in certe cartolerie lussuose come antiche gioiellerie? Quei quaderni così eleganti e ben rilegati che sembrano adatti a contenere solo pensieri nobili.
E poi? Poi finisce sempre che le cose più belle, le più sincere e trasparenti uno deve scarabocchiarle, che so, sul retro di uno scontrino, affollando le parole alla ricerca disperata di ulteriore spazio, evitando le cifre, i loghi, le scritte, confidando nella penna biro masticata e consumata presa in prestito dalla cameriera del bar, sperando che il fluire dei pensieri non si arresti davanti a quei mezzi di fortuna.
Ma siamo lontani anni luce dalla sensazione di piacevolezza che può darti un bel foglio di carta bianca e porosa e quindi taccio, affidandomi al percorso, tutt'altro che sinuoso, di una orribile penna rubata allo sportello della posta su una striscia di carta rimediata.
Quindi, questa è la seconda cosa che teoricamente non avrei potuto fare oggi.
E invece ormai le ho un po' fatte tutte e due, a questo punto spengo l'iPod, chiudo la testa e mi godo la mia Nastro che, dalle 19.16 a ora, si sarà anche riscaldata.
Ma del delitto del bere birra calda parlerò un'altra volta, per il momento mi basta il retro di questo volantino troppo liscio che mi ha lasciato solo il taglio della mano sinistra tutto nero e una birra a temperatura tutt'altro che ideale.
Paranoie: possono provocare assuefazione, consumare con moderazione!

15 agosto, domenica, 1.48
Se guardo ancora lo schermo del pc lo spacco.
Non sopporto più la schermata di Facebook che mi

ripete che non ho nuovi amici e che quelli che ho sono tutti in vacanza.
E non sopporto me che non ho mai sopportato i social network ma per trascorrere un'estate meno alienata ho aperto questo profilo. Io, vittima di una moda. Incredibile.
Da buon provinciale, gay, disordinato alimentare, birraiolo reo confesso, vittima della celebrità, ex depresso, emigrato e con un'ernia iatale non me lo sarei mai aspettato. Ti facevo più forte, Tiziano!
Quasi quasi cerco una maniera per peggiorarmi la vita... così, tanto per rimettermi in carreggiata.

19 agosto, giovedì
Odio i turisti che vengono in Inghilterra, mi riconoscono e mi trattano come fossi un animale dentro la gabbia di uno zoo.
Oggi mancava solo che mi tirassero le noccioline. Anche se, visto che sono ancora piantati di fronte al mio tavolino, non è escluso che tra poco lo facciano.
Qui in Uk è di nuovo tornato il grigio, e il grigio non fa che aumentare i flussi e riflussi della mia solitudine. Sono un po' in paranoia per il libro e per quello che potrebbe succedere quando sarà uscito.
Mi ripeto che sto facendo una cosa per me, solo per me... per il mio cuore e la mia salute. E mi basta, oggi mi basta.
Nessuno è più bravo di me, nessuno è migliore, nessuno è giusto o sbagliato, e io andrò avanti perché l'ho deciso e adesso so cosa voglio. È solo un momento di desolazione inglese, non devo buttarmi giù.
Sto scrivendo in una posizione scomodissima perché questi che ho di fronte continuano a fotografarmi, che nervi... infatti adesso me ne vado, mi sono rotto di sta-

re tutto accovacciato su un lato, mi si sta addormentando il fianco.

20 agosto, venerdì

Se una tappezzeria di un posto fosse indicativa del valore di un locale, nessun pub inglese dovrebbe essere praticabile.

Eppure a me piace questa specie di decadenza, mi rassicura. Mi fa sentire addosso quella sensazione da "be', in fondo non faccio poi così schifo" che raramente si prova a Milano.

Qui in Inghilterra non ti senti mai fuori luogo, neanche se dovessi entrare a piedi nudi. A Milano, se per sbaglio esci vestito "a cazzo" – e magari nemmeno per colpa tua –, prima o poi un po' scomodo ti ci senti. Non ovunque... ma in molti posti sì. Io esco spesso "non per colpa mia".

Magari eri sceso un attimo a comprare uno spazzolino da denti perché hai dimenticato il tuo, Milano è afosa, popolata solo dagli ultimi lavoratori incalliti pronti a partire per le ferie, e incontri per caso Samuele che ti ricorda che sei sparito e ti perdona solo se andate a bervi una birra insieme al pub dietro l'angolo. Ed è fatta: sei uscito "non per colpa tua". Per fortuna, nel caso specifico il pub in questione era, me lo ricordo, sufficientemente sudicio da ospitarti per come sei e sufficientemente lercio da contenere i danni che il tuo abbigliamento "a cazzo" avrebbe provocato in un locale più fighetto. Quindi tu, i tuoi bermuda blu, i fantasmini neri e la busta della farmacia con la croce verde e dentro lo spazzolino vi dirigete allegramente verso la birretta della concordia.

Chiuso. Il lunedì i bar sono chiusi, non tutti ma questo sì. Il che non porterà MAI Samuele a rinunciare alla

vostra birra (non sia mai!!!), ma lo porterà, invece, a portare te a bere in centro. Quindi tu, i tuoi bermuda blu, i fantasmini neri, la busta della farmacia con la croce verde e dentro lo spazzolino, a cui si è aggiunta nel frattempo la convinzione di stare sbagliando tutto, vi dirigete verso un BEL bar di aperitivi a Milano. In centro, vicino al Quadrilatero. Tanto per capirci: sudiciume, zero; severità con cui si viene radiografati dalla testa ai piedi all'entrata: mille!!!
Ancora adesso ringrazio che non ci fossero paparazzi in zona e mi chiedo se questo sfacelo sia stato colpa della busta della farmacia con la croce verde e dentro lo spazzolino, dei fantasmini neri, dei bermuda blu, di Samuele o soltanto mia.

28 agosto
Si va in Sardegna... stavolta veramente, spero!
Abbiamo deciso che per il libro non farò promozione. Lanceremo l'"evento" sulle pagine di "Vanity Fair". E basta. Mi piace, è la maniera giusta, la più discreta ed elegante.
Però oggi vorrei non chiamarmi Tiziano Ferro. Magari poi guardo la carta d'imbarco e mi accorgo che il mio desiderio è stato esaudito e ci trovo stampato un altro nome.

30 agosto, lunedì, 15.30
Sardegna. Sdraiato a pancia in giù su uno scoglio nella posizione più scomoda che si possa immaginare, penso... tutti abbiamo un segreto. E ci penso qui al mare dopo chissà quanti anni che non mi mettevo in costume.
Ognuno ha un segreto: il mio è che spesso mi odio. Ma mi odio davvero, mi odio forte. Allora ci mangio su.
Sono il più grande esperto di simulazione della felici-

tà che conosca, però mi piace davvero l'idea che la mia vita stia per cambiare. Possibilmente in meglio.
Tutti si tuffano e io rimango fuori, fuori dall'acqua e immerso nel controllo di tutto... che perderò solo quando darò modo agli altri di vedermi per quello che sono, anzi, no, di AMARMI per quello che sono.
Ho un segreto: adesso scrivo una canzone... che inizia così.

1 settembre, mercoledì, 22.30
Oggi tutto mi sembrava triste, poi ho scritto *L'amore è una cosa semplice* e sono rinato, davvero. Tutto è cambiato.
Oggi sembrava il giorno dell'elemosina e l'estate delle mie prime infradito, del mare senza maglietta dopo tanti anni. L'estate del Purgatorio.
Poi arriva una canzone e cambia tutto. Ho appena accompagnato Gabriel a Fiumicino, ci siamo salutati dopo la vacanza in Sardegna. Non riusciva a tornare a casa per colpa di un volo perso.
Vedendolo allontanarsi, dopo il controllo al metal detector, mi si è stretto il cuore.
L'amore è una cosa semplice.

7 settembre, martedì, 13.11
Ho solo tanta voglia di pubblicare questo libro.
Ho fatto leggere le bozze agli amici più vicini... e come un cretino sono qui che aspetto timoroso le loro reazioni. Alcuni mi conoscono bene; altri, pur essendo vicini, sanno pochissimo di come sono veramente.
Devo addomesticare la smania che porto dentro.
L'altra sera sono andato a cena con un tale conosciuto tramite amici. Niente, ennesimo errore di valutazione o semplicemente solo un gran bel "dissociato"... come

direbbe Andrea parlando di tutte quelle che incontra, ragazze che dicono una cosa e ne fanno puntualmente un'altra.
O forse sono negato per l'interpretazione del linguaggio del corpo, non lo escludo. Sarò sempre un pessimo criminologo, quindi.
Tiziano, mi hai rovinato la vita, dissociato che non sei altro!!!

11 settembre, 2.49
Non riesco a dormire.
E mi affido alla casella della posta di Facebook nell'improbabile eventualità che arrivi il più improbabile dei messaggi e io possa trasformarmi nel più improbabile eroe nazionale: quello che vendica tutti coloro che sono stati delusi da amori chiaramente improbabili. Il mio primo vero amore sarà improbabile, lo sento.
Oggi l'amore DOVREBBE essere una cosa semplice.
Cambiando argomento, ma forse neanche troppo: il disco sta lentamente nascendo... e le canzoni mi piacciono molto.
Pensavo che tutte le grandi guerre sono iniziate per amore. L'amore fa iniziare e finire tante cose, muove tutto e sicuramente muove me.
Il silenzio di questa camera d'albergo a Ginevra mi scuote i nervi.
Stasera ho cantato qui per un evento privato. C'era anche Craig David ed ero molto emozionato quando ho avuto la possibilità di stringergli la mano. Me l'avessero detto dieci anni fa sarei impazzito. Lui non mi ha filato di striscio, manco "ciao" mi ha detto. E allora sai cosa, Craig David? Ma vaffanculo!
Questo è quello che dice Tiziano dieci anni dopo.

12 settembre
Arrivano i primi commenti degli amici che hanno letto le bozze!
Questo sms di Stefano mi ha fatto morire: "Ho usato la pausa pranzo per finire il libro, alla fine mi sono commosso e mi sono scesi i lacrimoni. In quel preciso momento è entrato un cliente, mi ha chiesto se andava tutto bene e io gli ho risposto che avevo solo finito un libro emozionante. Allora lui 'quale?', e io in silenzio... E poi 'scusa, ma non ce la faccio a risponderti' e me ne sono andato".
Monica: "Ecco, lo sapevo, non sto manco alla ventesima pagina e già mi sono commossa un paio di volte! Resisti frate', sarà come rinascere. Sei coraggioso e io sono molto emozionata".

21 settembre, martedì, 14.40
Volo Milano-Roma.
È chiaro che d'ora in poi niente sarà più uguale a prima.
L'immagine di me che parlo con Enrica, la giornalista di "Vanity Fair", è la foto che immortala l'inizio della mia nuova vita. La seconda parte, quella del "post 30".
Ed è brutto dirlo, ma adesso neanche un male incurabile potrebbe fermarmi.
Mangio male e dormo poco, com'era prevedibile. Dovrò pian piano decomprimere tutti questi pensieri e tutte queste emozioni. E penso alla paura di sentirmi normale.
Non è molto più comodo avere sempre una scusa per sentirsi soli e diversi, per rimandare all'infinito i conti con se stessi? Forse. Ma io adesso voglio correre il rischio più assurdo, farmi guardare da tutti, e ho la pretesa più noiosa del mondo: essere considerato

NOR-MA-LE. Con una vita regolare, nome di cosa comune e famosa.
Mario Rossi in Ferro oggi chiude qui.

29 settembre, mercoledì
Meno 7. Ormai i giorni vengono scanditi dal conto alla rovescia di quello che mi piace pensare come l'inizio di una nuova vita.
Certe cose accadono, non le fai accadere. Come la fame, il vento o un terremoto. Invece no, io devo controllare tutto, controllarne la partenza e l'arrivo, dimenticandomi però che non posso controllare il disordinato alternarsi di cause ed effetti. Poco mi importa.
Divento gay. Questo dico a tutti e lo dico ridendo perché è così che si fa. Perché non c'è altro da fare quando l'argomento centrale non può stare troppo al centro di un discorso, altrimenti tutto diventa pesante. Allora si scherza, si smorzano i toni per permettere solo a chi è davvero brillante di leggere dietro un sorriso.
Anzi: allora si va a Lisbona. Ho preso Marco per un orecchio e l'ho costretto a farsi questa vacanza con me, altrimenti divento pazzo. È il viaggio più improvvisato che abbia mai fatto, l'ultimo sprazzo di lucidità di uno che – altrimenti – va completamente fuori di testa. Non so che faremo né dove andremo, ma va bene così.
A pensarci, le uniche volte che ho visto avvicinarsi con questa lucidità degli eventi così grandi e importanti sono state: la nascita di Flavio e la maturità. Entrambi accadimenti seri, forti, "life changing".
E mi gusto l'attesa, perlomeno dovrei, visto che in effetti la gastrite che ultimamente mi brucia lo stomaco senza darmi tregua mi ricorda quanto in realtà io sia tutt'altro che calmo. Sereno sì, calmo no... sempre che sia possibile.

Affronto questa settimana come un mio personale "11 settembre" del quale non avrò, però, brutti ricordi. Di cosa ho paura? Me l'ha chiesto Marco e io ho risposto: "Di niente, la paura non mi comanda". Ma se me lo chiedesse adesso? Da solo nella mia mente – "Di cosa hai paura, Tiziano?" – cosa risponderei? Forse, temo la tristezza. La tristezza che mi suscita un atto di cattiveria.
Come le parole blasfeme di chi va in chiesa ogni domenica ma poi offende qualcuno mosso dal pregiudizio. O la vergogna. La vergogna che provo nel vedere un uomo che ne offende un altro, forte dell'illusione di onnipotenza che l'ignoranza gli concede.
Ma io in trent'anni ho imparato cosa vuol dire ascoltare, ammortizzare il dolore ed evitare di rispondere alla cattiveria con la cattiveria, perché ognuno ha diritto di convivere con quello che è, soprattutto se è l'amore a indicargli la strada.
E allora non ho paura.
Anche oggi l'amore mi ha semplificato l'esistenza. Anche oggi l'amore è una cosa semplice.

2 ottobre, sabato
In "aria" tra Lisbona e Manchester. È stata la VERA vacanza. Tre giorni a far niente passati evitando la città e lo shopping. Ho preferito – ebbene sì – il mare, il riposo, le chiacchierate con Marco e

3 ottobre, domenica, 11.42
Ieri in aereo mi è finita la penna nel momento più drammatico di un lungo viaggio: la metà. Quando non sei più distratto dalla popolazione che si imbarca e il tuo umore non è più condizionato dalla delusione del brutto posto che ti è stato assegnato, né dal

vicino rumoroso e maleodorante, né dal bagaglio che non sei riuscito a stipare nella cappelliera esattamente sopra la tua testa.
Vuoi solo che il viaggio, il milionesimo viaggio, finisca. Quella stupida parentesi che obbligatoriamente ti separa da casa tua. Pura noia.
L'inchiostro della penna è finito proprio lì.
Sono di nuovo in Uk, e con questa pioggia più che atterrato mi sento atterrito.
Oggi è solamente un'altra insulsa domenica, insulsa e piovosa. La settimana ha fatto il suo giro ed eccoci qua, tornati al giorno tra i sette che odio. Faticoso come la conversazione stantia con una persona poco interessante, deludente e lento. Attendo quindi la conclusione di questo rendez-vous che arranca verso l'agognato finale tra silenzi imbarazzanti, attese, sospiri, sguardi in cerca d'ispirazione, convenevoli e tanta, tanta noia.
Qui c'è solo la pioggia a scandire il ritmo del mio tempo, il non evolversi di un giorno da ameba mentre attendo una svolta.
Meno 3, concentriamoci sul "meno 3".
E poi ci sono io e c'è questa casa, solo noi. A Milano la ricerca della casa è stata interrotta, non me ne piace praticamente nessuna e quelle che mi piacciono costano troppo. Evidentemente la vita da profugo mi si addice.
Chi mi chiamerà mercoledì? Chi mi scriverà? Cosa risponderò? Qualcuno andrà nel panico? Vorrei già saperlo.
Ma dalla insulsa domenica risposte non ne riceverò, quindi ciao.

4 ottobre, lunedì, 13.44
Qualche sms a tirare su questa giornata decisamente scombinata.

Papà: "La tua vita è particolare perché tu sei speciale. La tua testa non si ferma mai e va bene così, impara a rispettarti. Il tuo sollievo è anche il mio. Non lasciare nulla all'improvvisazione è una delle tue qualità. Comunque adesso riposati che non te posso vede' così. TVB".
Non c'è niente di peggio di due giorni prima di un gran giorno. È l'intervallo in cui tutto si ferma e Dio sembra aver parcheggiato ogni dubbio. Si è ancora in tempo per "rifare", ma sarebbe assurdo. Allora bisogna essere sufficientemente lucidi da capire che tanti sforzi non possono essere stati un errore. Forse, l'unico errore è stato ritirarmi di nuovo in Inghilterra in un momento delicato come questo. Lo sapevo che forse era una cazzata e la mia scrittura scellerata e inclinata verso destra lo testimonia.
Ci vorrebbe un amante. A Lisbona con Marco sembrava tutto più semplice. Ma perché non imparo mai? Se c'è una cosa che avrei dovuto capire è che stare solo mi fa male. Recrudescenze della malattia che mi ha spinto a rovinare troppi anni della mia vita: la solitudine forzata.
Malattia o punizione, io questo castigo devo mandarlo a 'fanculo. Infatti venerdì vado a Oslo con Samuele e Martina. Anzi, vado a cercare i biglietti. Almeno faccio qualcosa di utile.

5 ottobre, martedì
Stanotte non vorrei andare a dormire mai, sono troppo felice, TROPPO.
Domani me ne sto qui e trascrivo tutti i messaggi che mi arrivano.
È uscita l'intervista su "Vanity Fair":

Che cosa succederà dopo?, mi chiede Tiziano Ferro. Poi, si risponde da solo: *Niente sarà più come prima*. Non capita spesso che ad avere più aspettative rispetto a un'intervista sia un cantante piuttosto che un giornalista. Tanto più se a rispondere alle domande è un musicista come Tiziano Ferro, uno che ha passato gran parte degli ultimi dieci anni in cima alle classifiche dei dischi più venduti di mezzo mondo. Uno che dal 2001, l'anno di *Xdono*, non ha sbagliato una canzone, uno che ha venduto milioni di dischi e vinto più premi di quanti ce ne stiano in una schermata di computer. E che ora, in attesa del nuovo album il prossimo anno, se ne esce con un libro autobiografico: una raccolta dei suoi diari dal 1995 al 2010 che si intitola *Trent'anni e una chiacchierata con papà*, e che parte da una rivelazione. Anzi, da un regalo che Ferro ha deciso di fare a se stesso e a tutti quelli che gli vogliono bene: vivere felice e contento.

Questa favola inizia da dove tutte le favole dovrebbero cominciare: dalla fine, dalla promessa di un amore. E da lì comincia anche lui, per rispondere alla mia domanda sul perché abbia scritto questo libro.

"Un paio di anni fa," racconta, "ho iniziato un percorso di analisi, fatto di psicoterapia e di farmaci. Da tempo non stavo bene, psicologicamente e fisicamente, e avevo capito di dover riprendere in mano una serie di cose, a partire dal mio rapporto con l'omosessualità. Così, al termine dello scorso anno, sono arrivato a una conclusione: volevo vivere quella parte di me, smettere di considerarla un mostro, qualcosa di negativo, addirittura invalidante. Ma ero anche certo che, per riuscirci, dovevo chiudere con il mio lavoro. Ero convinto che le due cose fossero incompatibili. Ne ho parlato con mio padre. Mi ero illuso di trovare una persona con cui sfogarmi, invece lui mi ha rimproverato: 'È giusto che tu possa essere te stesso, e se qualcuno ha qualcosa da ridire mandalo a 'fanculo. Ma se per farlo accantoni la musica, fai un errore ancora più grande di quello che hai fatto finora tacendo la tua parte omosessuale'. Io però ho pensato: 'Cuore di papà, che cosa vuoi che mi dica?'. E sono andato a parlare con il mio manager [*Fabrizio Giannini, al fianco di Ferro fin dal suo esordio,* N.d.R.]. Mi dicevo: 'Lui sarà più razionale, perché ha un punto di vista neutro'. E invece Fabrizio mi ha spiazzato ancora di più: 'Ti meriti di avere la vita che vuoi, perché così non sei felice. Da otto anni vivi all'estero [*Prima in Messico, poi a Londra*, N.d.R.], lontano dalle persone che ti vogliono bene, e non è giusto. Io sono al tuo fianco, ma se pensi di chiudere con la musica stai sbagliando di nuovo'. Mio padre e il mio manager avevano preso le mie difese con una forza che non mi sarei mai aspettato, entrambi mi avevano detto la stessa cosa: tu sei più importante di tutto, hai sbagliato a non rendertene conto e ora stai commettendo un altro errore. In due anni di analisi avevo capito tante cose, ma non il modo di affrontarle. Oggi sembra assurdo anche a me, eppure in quel momento ero davvero convinto che, per vivere la mia vita, avrei dovuto privarmi del mio mestiere. Per fortuna, non solo mi hanno fatto capire che avevo torto: la loro reazione è stata così netta da 'costringermi' a rendere pubblica la mia scelta. L'ho fatto attraverso i diari: mi sembrava l'unico modo per spiegare le cose alla mia maniera. Quindi, per rispondere alla sua domanda, la ragione vera per cui ho voluto scrivere questo libro, be', evidentemente è perché cerco l'amore, la parte della vita che mi è mancata finora."

O, più correttamente, che si è negato finora. Perché?
Non lo so. Forse quando stai male vedi la realtà in modo distorto. Nessuno mi ha mai messo nella condizione di credere che fosse un problema, ho fatto tutto da solo. Ci si chiede sempre che impatto abbia l'omosessualità a livello sociale e mai rispetto all'individuo, ai problemi, alle fragilità di ciascuno. A volte le punizioni ce le infliggiamo da soli.

Un problema di insicurezze, quindi. Le sue quali erano?
Credo che tutto nasca dalla mancata accettazione del mio corpo, dal fatto di essere stato un adolescente sovrappeso [*Da ragazzo pesava 111 chili, da cui il titolo del suo album,* 111 *appunto, uscito nel 2003,* N.d.R.]. È difficile avere una relazione con un'altra persona se non ti piaci e non ti vuoi bene. A questo, poi, si sono aggiunte le mie difficoltà nell'affrontare il successo. Io sono *workaholic*. La verità è che per dieci anni tutto ciò che non c'entrava con la musica l'ho parcheggiato.

Prima non poteva essere felice perché pesava troppo, poi perché lavorava troppo?
Per molto tempo ho fatto di tutto per posticipare la possibilità di vivere serenamente. Forse perché sono cresciuto con l'idea che chi soffre ha più dignità, che essere felici significhi essere meno buoni. In famiglia chi sta male, chi si sacrifica, è la persona che va rispettata di più.

È così che funzionava a casa sua?
Credo lo pensino molti: se sei felice, sei superficiale. Un'idea falsa, eppure sradicarla è stato difficile. A lungo mi sono sentito in dovere di alimentare i tormenti invece di superarli. Finché un giorno mi sono detto: "Ho un lavoro che mi piace, l'indipendenza economica, persone che mi vogliono bene, la salute. Perché non potrei semplicemente godermi la mia vita?".

Appunto: perché?
Vivere in modo aperto la tua dimensione sentimentale significa consentire alla gente di conoscerti a un livello più profondo. E questo una persona schermata come me fa fatica ad accettarlo. Ho sempre pensato che la consapevolezza da parte degli altri mi avrebbe reso più debole, attaccabile. E, probabilmente, dover fare i conti con l'omosessualità ha "aggravato" le cose. Ma di nuovo: non posso puntare il dito contro nessuno, solo contro me stesso. Tuttora non so spiegarmi perché considerassi l'omosessualità una specie di "malattia". E il peggio è che avrei potuto capirlo cinque anni fa. Ci sta che un ragazzo di provincia come me, abituato a vedere i genitori farsi il mazzo per portare a casa lo stipendio, di fronte a un'opportunità come quella che ho avuto io si annulli per il lavoro. Ma se i primi anni ero travolto, per quello che è successo dopo non ho scuse. Non ho la presunzione di salvare nessuno, ma se il mio libro potesse aiutare qualcuno a evitare di perdere tutti gli anni che ho buttato via io, sarei felice.

Quando ha cominciato ad avere i primi dubbi sul suo orientamento sessuale?

C'è un elemento che, si fa per dire, non ha giocato a mio favore: a me le donne piacevano. Forse il fatto di avere avuto fidanzate, di aver fatto esperienze con le ragazze, non mi ha aiutato a capire che il sentimento, il cuore, andava da un'altra parte. Come tutti, ho cominciato a pormi le prime domande nell'adolescenza. Ma in quegli anni ero fidanzato.

Con la Sara di cui parla nel libro?
Nella vita ha un altro nome: a ogni persona che ho citato ho chiesto di scegliersi uno pseudonimo. Siamo stati insieme quattro anni, da quando ne avevo sedici fino ai venti. Proprio con lei parlai per la prima volta dei miei dubbi. Le dissi che pensavo di essere attratto anche dai ragazzi.

E lei che cosa le rispose?
Mi rise teneramente in faccia, mi disse che non poteva essere vero. Se a quella età hai una storia con un ragazzo, ci stai bene insieme e sei innamorata, che cos'altro puoi rispondere?

Poi, che cosa è successo?
Dopo la rottura con Sara, arrivò il contratto discografico: in due mesi ero primo in classifica. Non avevo tempo per pensare ad altro. Inoltre, considerato che mi capitava di avere qualche storia etero, mi davo la possibilità di credere che mi stessi sbagliando. Misi da parte le mie incertezze.

Salvo, ogni tanto, incontrare un uomo che le piaceva.
Io sono un sentimentale-mentale. Non mi importa l'involucro della persona. Lo so che suona come la solita stronzata, ma è vero: conta il modo in cui

parli, se riesci a raccontarmi qualcosa che non so, se hai fatto scelte che mi colpiscono.

E quando conosceva un uomo capace di colpirla?
Andavo in crisi. Da un lato non potevo più far finta di niente, dall'altro cercavo lo stesso di sfuggire a una realtà ormai evidente.

Non mi dica che è stato casto per dieci anni perché non ci credo.
Quasi. La mia è stata una vita assurda. Non sa quante serate ho passato chiuso nelle camere d'albergo. Parigi, Madrid, tutte quelle grandi città mi sembravano bellissime, ma mi davano anche un senso terribile di spaesamento. Di quel periodo ricordo soprattutto la sensazione di fame continua perché di andare a cena con le persone della casa discografica non mi andava, e il room service non lo chiamavo. Un po' perché non sapevo come fare, un po' perché non volevo far spendere troppi soldi. Se ci ripenso, mi faccio tenerezza da solo.

Resta il fatto che da anni si mormora che lei sia gay. Lo hanno persino detto in tv, scritto sulle riviste.
Dicevano che vivevo una doppia vita e che stavo felicemente con un uomo. Mi facevano una tale rabbia. Non perché non volessi passare per gay, ma perché la verità è che un fidanzato avrei voluto avercelo. E, invece, non avevo nessuno. In più stavo male perché non riuscivo a chiarirmi con me stesso.

Ha mai avuto paura di essere scoperto?
No. E c'è un'altra cosa che vorrei dire: non ho mai negato pubblicamente di essere gay. Sarebbe stato

semplice depistare le voci uscendo con una modella. Ma io non ho mai mentito. Piuttosto, ho omesso.

Nel libro racconta che, a un certo punto, per mettere a tacere le voci, volevano organizzarle una finta paparazzata.
Purtroppo è vero. Ma a me non fregava nulla. Anzi, disseminavo indizi.

Tipo?
A parte il video con la Carrà? [*Ride per mezzo minuto. Il riferimento è al brano del 2007* E Raffaella è mia, *dedicato alla showgirl icona gay,* N.d.R.]

Quello, in effetti, era un indizio bello grosso.
Con gli amici, per esempio, facevo battute. Era come se avessi voluto dirlo senza compromettermi. Ma, al tempo stesso, negavo la verità a me stesso. Era diventata una sfida: "Non mi scoprirete mai". Un gioco al massacro inutile, perché a massacrarmi ero io. Fino al punto in cui, nonostante avessi un disco in uscita, cominciai ad alzarmi la mattina con la sensazione di non avere una ragione per andare avanti.

La fase della depressione di cui ha sofferto e di cui parla nel libro.
Avevo finito il mio album [Alla mia età, N.d.R.]. Per me, era il più bello che avessi mai fatto e non volevo che pagasse le conseguenze di qualcosa che non riuscivo più a tenere sotto controllo. È stato allora che ho toccato il fondo, e che ho cominciato a fare analisi. Due anni fa l'idea di stare seduto qui a parlare con lei di queste cose sarebbe stata inconcepibile.

Il libro, però, più che un punto di arrivo sembra un punto di partenza. Ora che cosa si aspetta che accada?
Rileggendo i miei diari mi sono reso conto di quanto i miei amici siano sempre stati importanti, e di come li abbia fatti soffrire con la mia distanza. D'ora in avanti voglio essere più presente. Voglio tornare a vivere in Italia. Sto cercando casa a Milano. E, intanto, ho già parlato con tutti. Li ho chiamati uno per uno: "Andiamo a prendere un caffettino," ho detto a ciascuno. Mi ero preparato una specie di scaletta.

Come hanno reagito?
Erano sollevati e felici. Non ce la facevano più a vedermi schiacciato sotto quel peso, senza poter dire niente. Perché lo sapevano già, mica sono scemi, ma per delicatezza nei miei confronti non avrebbero mai affrontato il discorso per primi.

Nuova casa, più tempo per gli amici. E l'amore?
Per il momento sono solo, ma spero presto di non esserlo più. Perché all'amore credo in maniera sconcertante. È assurdo che proprio io non ce l'abbia. Un po' come se un goloso di dolci si obbligasse a non mangiare neppure un pasticcino.

Vede che lo ammette anche lei: se non ha una vita sentimentale è perché se l'è negata da solo. Glielo richiedo: perché?
Avrei dovuto vivere una doppia vita e io non ne sono capace. Mi dà fastidio quando si parla di accettazione dell'omosessualità. Io, semmai, sogno la condivisione. Una famiglia che accetti le mie scelte non mi basta, voglio che le viva insieme a me. E lo stesso vale per i miei amici.

Come se lo immagina l'amore vero?
Sei così felice da superare col sorriso tutte le difficoltà. Ma spero di saperglielo dire meglio molto presto.

Le dispiace aver buttato via dieci anni?
Tanto. Che altro vuole che le dica? Tanto, tanto, tanto, tanto.

6 ottobre, 9.22
Ho iniziato la giornata scrivendo sul forum del mio fan club:

> Ciao a tutti!
> Scrivo travolto dalla confusione di un giorno in cui sento che tutto potrebbe diventare diverso. Mi sento sul ciglio di una mia personale rivoluzione e mentre tutto rimane statico al di fuori, dentro mi sento al centro di un grande marasma.
> Sono strani certi momenti ma, come ogni giro di boa importante nella mia vita e nella mia carriera, sento di volerlo condividere con voi... prima che con tanti altri.
> È così, ci sarebbe molto da dire ma il tempo mi rema contro e lascio quindi il compito a una piccola e sintetica lettera aperta che da domani diverrà pubblica. Per stasera però sarà solo vostra, solo per voi.
> Scrivere è la maniera migliore per raccontare qualcosa, per raccontarmi... e so che voi capirete molto bene.
>
> *Dopo tanti anni all'ombra di tentativi, rinunce, attese strazianti, sforzi e privazioni, sarei stato disposto a smettere di cantare.*
> *Ero pronto a buttare al vento i sacrifici, non conta-*

vano più le lacrime di speranza, e nemmeno quelle di gioia. Persino le soddisfazioni e i sogni erano passati in secondo piano.
Nella mia testa era così: "Se sono omosessuale non posso stare al mondo".
Mi sentivo come un bambino caduto a terra abbandonato dalla madre che sconfitto attende il suo destino piangendo, disperandosi.
La musica per me è sempre stata la speranza più grande, eppure, di fronte alla mia incapacità di trovare una via d'uscita, ero deciso a separarmi da lei. Consciamente e disgraziatamente.
A quel punto ne ho parlato con mio padre che mi ha detto: "Ascoltami, la tua vita è particolare perché tu sei speciale. Impara a rispettarti. Il tuo sollievo è anche il mio sollievo". È stata la spinta definitiva a tentare il tutto per tutto: ho iniziato un percorso e imparato con pazienza ad affrontare gli ostacoli, a non aggirare i pericoli. Di questo gli sono grato. Sono grato a lui e a tutti quelli che mi sono stati accanto fino a ora.
Poi mi sono rivolto all'avvocato Giulia Bongiorno per chiederle un parere, una mano, un consiglio, forse solo una parola.
L'ho fatto senza rendermene conto: mi sono rivolto a un penalista!
Come se le mie azioni e i miei pensieri fossero incriminanti. Come se la mia condizione costituisse un reato. E un reato così grave da dover essere punito con la pena più severa: smettere di cantare.
Arrivo dall'avvocato Bongiorno nervosissimo, dopo una notte insonne.
Lei, che ammiro incondizionatamente da anni, improvvisamente mi apre un mondo quando mi rassicura

con tono fermo ed espressione schietta: "Non c'è cosa migliore dell'andare da un penalista quando non se ne ha bisogno!".
E io ho sorriso. Ma non con il viso, perlomeno non solo. Ho sorriso dentro: dopo tanto tempo mi sono sentito col cuore finalmente più leggero.
E poi mi sono sentito capito, e ancora sostenuto. Forse anche un po' protetto.
Protetto dopo tanti anni passati da solo dietro le barricate a tentare di capire dove si nascondesse il nemico, per poi giungere alla conclusione che l'unico nemico era rappresentato soltanto da me e dalla crudele inconsapevolezza con la quale mi ostinavo ad affrontare la vita.
C'è un tempo per tutto: un tempo per parlare e un tempo per stare zitti.
Il silenzio vale tanto, e ora preferisco che sia questo libro a parlare per me.

È andata, il Giorno è arrivato e adesso la verità è davanti agli occhi di tutti.
Stamattina ho capito di essere veramente felice perché per la prima volta ho pensato che temo per la mia vita e odio la morte, la odio.
È la prima volta in trent'anni che non sprezzo il pericolo, sto BENE e se è possibile voglio stare ancora meglio.
Vado in giro con un sorriso da ebete stampato sulla faccia, anche se fuori piove. Gli inglesi mi guardano e non sanno che per me oggi è una giornata storica, per loro sono solo l'ennesimo matto dall'umore in controtendenza con il colore del cielo.
Sono felice e il 6 ottobre è il mio nuovo compleanno, o forse solo la data del mio rilascio.

Mi guardo da fuori osservare la luce per la prima volta, e godermi da spettatore la scena di me che rinasco è un privilegio unico ed eccitante.
SONO FELICE! Devo scriverlo ancora e ancora, a compensazione di tutte le volte che ho scritto il contrario.
Non mi ero mai sentito così amato.
Non posso non trascrivere alcuni dei messaggi che mi sono arrivati:
Pier: "Ciao Tiziano, ho letto la tua intervista su VF e, da cittadino di questo strano paese, volevo ringraziarti. Non ho ancora completamente abdicato all'idea che, quantomeno le mie figlie, possano vivere in un paese più tollerante, aperto, rispettoso delle vite e dei sentimenti di tutti e soprattutto del diritto di ognuno di noi a vivere la vita per intero. Non so se accadrà. Ma se accadrà, le mie figlie dovranno ringraziare tutti quelli che, prima di loro e in tempi non facilissimi, hanno preteso, in primis per sé e poi per gli altri, di non vivere a metà. Credo che su queste azioni, individuali e collettive allo stesso tempo, si fondi quello che chiamiamo progresso sociale. Per cui grazie di cuore, amico mio!".
Giulia: "Caro Tiziano, ho letto le tue prime uscite e interviste e sai cosa ho pensato? Ecco. Testuale: ERO CERTISSIMA CHE TIZIANO SAREBBE STATO BRAVO A COMUNICARE MA È RIUSCITO A ESSERE GENIALE!!! Hai fatto esattamente quello che serviva. Hai parlato alla gente comune con quattro diverse corde: sobrietà, misura, ironia, spontaneità. Bravissimo!".
Samuele: "Se penso a solo qualche mese fa e a quello che sto leggendo ora ovunque mi viene solo da dire che sono fiero di te, non vedo l'ora di abbracciarti!".
Dino: "Se a 15 anni avessi potuto leggere quello che sto leggendo ora molte cose sarebbero scivolate in modo diverso...".

Dr Maurizio: "Sei un grande! Ti voglio bene ancora di più".
Alfredo: "Caro Tiziano, non so quanto sia costato al tuo cuore uscire allo scoperto, ma ho apprezzato la tua sensibilità, il tuo coraggio e l'amore verso chi ti sta vicino. Ti voglio bene".
Andrea: "Oggi il mio mito sei senz'altro tu!".
Martina: "E la cosa bella è che il tuo sogno è diventato realtà solo grazie ai tuoi percorsi, alla tua tenacia e alla tua caparbietà. Io ti voglio più bene che mai e sono due giorni che ho gli occhi che si riempiono di lacrime di gioia a pensare a quanto hai fatto durante l'ultimo anno. Non l'avevo mai provato, grazie".
Dr Domenico: "Conosco queste storie perché molti pazienti le condividono con me. Non ho mai percepito però tanta nobiltà, finezza, profondità come nelle tue parole. Sei esemplare, congratulazioni".
Max: "La mia stima, la mia ammirazione e il mio rispetto nei tuoi confronti sono ulteriormente cresciuti, sei un grande".
Daniela: "Ho sempre saputo che eri un essere umano intelligente e speciale. Sono felice di conoscerti".
Giorgia: "Che belle le tue parole uscite in questi giorni, bravo! La tua sensibilità è profonda, e per questo fragile, ma è una grande ricchezza in questo tempo di pazzi".
Emi: "Ho letto le frasi di una persona limpida, coraggiosa, con i suoi dubbi e i suoi tormenti. Senza ipocrisie sei arrivato a essere vincitore. Mi fa piacere fartelo notare".
Giusy: "La mia stima artistica e personale nei tuoi confronti cresce sempre più, sei grande e sono felice per te".
Silvana: "La tua sensibilità e la tua intelligenza ti rendono speciale, rimani così".

Marco: “Da uomo a uomo: ti voglio molto bene e sono onorato di lavorare con te”.
Pino: “Sei il più rock di tutti!!!”.
Stefano: “Sono davvero felice per te e orgoglioso per ciò che hai fatto e per come lo hai fatto. Oggi e forse posso dire DA OGGI mi sento anche io più forte, più sicuro e in un paese meno brutto”.
Sono troppi i messaggi, magari dopo continuo, ho la scheda intasata e la casella e-mail piena oltre l’80 per cento di capienza.
E adesso che si fa? Che succede? Da dove si comincia? Sono pervaso da un senso di immobilità, acuito dal fatto che qui in Inghilterra nessuno si accorge di niente, di me. Vorrei guardare le persone in faccia, parlargli, e come sempre... ci sarà tempo.
Oggi non è il giorno delle elucubrazioni e mi chiedo solo che cazzo ci faccio qui, seduto in questo Starbucks, invece di stare tra i miei cari.
Un mio amico professore mi ha scritto che stamattina i ragazzi a scuola non parlavano d’altro e che ha dovuto interrompere la lezione per parlare di omosessualità. Mi commuove l’idea di poter fare anche solo un po’ di bene a delle anime così piccole e innocenti, non ci avevo mai pensato.
Oggi l’amore mi toglie il fiato, il male non ha spazio nella mia vita e non dovrebbe averne in quella di nessuno. Oggi l’amore mi ha sorpreso di nuovo migliorando la mia esistenza.

7 ottobre, giovedì, 14.59
Un giorno dopo. Passare ventiquattr’ore a sentirsi amato da soffocare lascia il segno e adesso sono pieno di nostalgia. Vorrei che fosse di nuovo ieri.
Il mio cuore già troppo affollato continua a ricevere

informazioni ed è strano rielaborarle e trovarmi nel bel mezzo di questa rivoluzione mentre la gente intorno non si muove, mi guarda come sempre. Forse è stato un bene rimanere in Inghilterra.
Mi mancano la giornata di ieri, quello sciamare di emozioni e sentimenti puri. Mi mancano la freschezza e lo stupore che quei commenti hanno generato, tanto da farmi pensare che la gente, i miei amici, sono decisamente più avanti di me. Mi sento un vecchio rattrappito intrappolato nelle ragnatele della sua mentalità da era glaciale. Questo ero io.
La nostalgia del 6 ottobre è arrivata già dal 7 ottobre. Adesso è il momento di andare avanti anche se, prima, vorrei rivivere il 6 ottobre due o tre volte.
E da adesso come funziona? Come al solito: una cosa alla volta. Ultimamente lo ripeto spesso al mio cuore iperattivo, che negli ultimi trent'anni si è abituato a controllare tutto e subito, sempre.
Oggi ho semplicemente l'obbligo di sentirmi sereno, con un'occhiata a questo sorprendente sole d'ottobre inglese che rende il mondo surreale e più bello.

8 ottobre, venerdì
Il nuovo Tiziano va a Oslo per la terza volta in vita sua, la mente libera da ogni pensiero cattivo.
Mi sento sulla soglia di un inizio e mi chiedo come sarà tornare in Italia e riabbracciare le persone che mi aspettano. Da buon empirico-realista provo a cercare lati negativi, ma proprio non riesco a trovarne.
E mi va bene così. Sono una persona risolta?
Dieci anni fa sognavo solo un applauso e ora sogno di vivere la mia vita per quello che è, in condivisione con le persone che amo.
La felicità oggi ha il colore blu-azzurro delle nuvole che

scorgo dal finestrino di questo aereo e l'odore di aringa affumicata che arriva dai posti di business class ai quali stanno servendo il pranzo.
Sono ufficialmente sereno, così sereno che adesso stilerò la prima lista di canzoni nuove che potrebbero finire nel prossimo disco.

14 ottobre, giovedì, 14.17
Finita la gita a Oslo e finita l'esaltazione da "cambio vita" mi ritrovo qui. Come in un brutto spot televisivo, nel baratro di me stesso, nel vuoto che questo cielo da lupi non fa che rendere più grande.
Forse mi aspettavo qualche sorta di miracolo, o forse sono solo il più grande illuso che abbia mai conosciuto.
Sorpresa della settimana, a una settimana dalla grande baraonda: sono soltanto più solo di prima.
Ho aperto il mio cuore sperando in una risposta e tutto quello che volevo, è vero, era amore.
Adesso sto qui a confidare i fastidi del mio umor nero al solito Starbucks, di fronte al mio latte e caffè, instupidito da quello che mi sembra non vada ancora bene.
Forse è normale, forse devo solo tornare in Italia... ma farlo però, non dirlo solamente. È brutto doverlo ammettere, ma oggi sono arrabbiato. Per la prima volta, provo rabbia verso chi mi ha ferito. Perché proprio ora?
È solo un abbraccio di cui ho bisogno ora, amore.
L'amore sa spiazzarmi come l'odio sa atterrirmi.
Fatto sta che ho intrapreso la mia prima azione legale, verso un tale che ha dichiarato che avrei da anni una relazione con un sessantenne. Bugie. Ancora.
Ma perché? Non mi interessa la bugia. Mi vergogno per questo paese, e quando lo guardo dall'estero è anche peggio.

Nel *mio* paese è possibile pubblicare delle bugie, emerite menzogne. Notizie false senza alcun fondamento. Perché?
Ieri guardavo *Dexter,* il telefilm del serial killer gentiluomo... che ammazza solo gli assassini e gli stupratori a piede libero. Ecco, ieri mi sono sentito come Dexter, ma solo in parte. La parte da vittima, vittima dell'efferatezza dell'omicidio di sua moglie. Carnefice, no... ma leggendo quelle menzogne mi sarebbe piaciuto. Non mi piaccio quando penso brutto. Non mi sento io. Ma oggi provo odio. E detto da me che voglio solo amore è una bestemmia.
Mi hanno costretto a bestemmiare. Non si può vivere nel risentimento, adesso però sto male: un uomo già fragile di suo è stato ferito e ha bisogno di aiuto.
Mentre lotto per trovare la decenza sufficiente a tornare al "me" che vive solo di sentimenti belli, mi ritengo deluso dal "me" che si è piegato alla crudezza e alla cattiveria del mondo, anzi... di un solo abitante del mondo. Questo è l'effetto che la menzogna produce su di me. Ma non posso prendermela con gli altri, l'universo va come deve andare.
Perciò mi nascondo, lupo in questo tempo da lupi, lecco la mia ferita di nascosto... e sono contento di stare qui, lontano da tutti, dove nessuno mi può vedere.
Oggi l'amore è davvero una cosa complicata.

15 ottobre, venerdì, 13.06
Sono sul treno che mi porterà al centro di Londra e una rivelazione mi sciocca: sono devastato dal senso di rivalsa. Ho capito qual è l'eredità che tutti i miei mostri mi hanno lasciato, coltivandone in silenzio il seme ora che non sono più padroni del mio inconscio.
La rivalsa, la *revancha,* la voglia di rivincita. Una spe-

cie di dazio che dovrebbero pagare tutti quelli che mi hanno ferito gratuitamente.
Come se fino a ora non mi fossi mai sentito meritevole di rispondere, di controbattere, di reagire.
È la rabbia repressa di fronte ad anni di ricatti psicologici perpetrati da persone che giocavano con la mia insicurezza ed esercitavano su di me, impaurito, il potere del "tu sai che io so". Tremendo, ora che ci penso.
Guardo al mio passato e sento il rancore che mi invade. E adesso? Come lo gestisco, questo nuovo passeggero scomodo e fuori controllo?
Il risentimento: quel sentimento del quale ho quasi negato l'esistenza durante gli ultimi anni. Potenziale testimone scomodo di tutti gli atti rabbiosi che non ho mai commesso, annientato da anni in cui non mi sono mai sentito all'altezza di vivere appieno la mia vita.
Ho capito cos'è successo, tra le tante cose, il 6 ottobre: mi sono dato la possibilità di provare rabbia verso chi se lo merita senza sentirmi in colpa per questo. Anzi, mi sono concesso la libertà di esprimerla la rabbia, di replicare... di difendermi.
Difendermi da chi attaccava qualcuno chiaramente indifeso (cioè me), che viveva in uno stato di profonda debolezza (ancora io).
Questo treno parte in perfetto orario inglese. Io e il mio senso di rivalsa andiamo verso un fine settimana di persone che non avrebbero, non hanno, mai gettato sale sulle mie ferite aperte e ben visibili.
Quindi io e la versione oscura di me – allevata per anni dai mostri del cuore – dovremmo non temere nulla.
Con i miei amici il buio scompare, la luce spaventa i mostri e dissipa le ombre. Spero solo che anni di sentimenti implosi non arrivino a deflagrare, incontrollati, nella maniera peggiore.

Oggi ho paura di me stesso e spero che succeda qualcosa, qualsiasi cosa che mi difenda da questo male.

20 ottobre, mercoledì, 14.32
Oggi esce il libro. Mi hanno scritto tutti, ma io non vedrò né le vetrine in cui è esposto, né la gente che esce curiosa dalle librerie tenendolo in mano. Come mi sento?
Londra ha aperto diversi cassetti chiusi a chiave e risvegliato sensazioni sopite da anni.
Esporsi è sempre pericoloso, è vero. Nel mio caso ancora di più.
Tanta è la gente che ho addosso, e grande è il rischio di cadere nel vizioso circolo di sesso e potere derivanti dalla fama. Per me sarebbe una cosa nuova – rifiuto anche solo l'idea, ma pare che a molti piaccia. Eccome.

21 ottobre, giovedì, 11.34
Primo giorno pirotecnico! E dopo ventiquattr'ore il libro è già in ristampa.
Mi sento sollevato, perché negli ultimi tempi sono stato tormentato da una sensazione fastidiosissima, la peggiore: il timore che fosse tutto inutile.
Come dice papà: in certi momenti devo ricordarmi perché l'ho fatto, devo pensare al punto da cui sono partito.
Ho fatto una cosa per me. Mi sono regalato un po' di benessere, e tutto il resto è conseguenza, è un di più.
Chi vorrà essere felice con me e per me sarà ben accetto, chi non ne avrà voglia può allegramente fottersi.
Il disprezzo e l'astio non mi hanno mai guidato ed è tempo di concedermi la possibilità di scegliere di avere a che fare solo con chi è guidato da sentimenti positivi, punto.
Il tempo è uno dei miei alleati più preziosi e col tempo migliorerò.

Penso a come sarò tra un anno... magari mi sembrerà tutto così diverso, magari mi sembrerà finalmente di essermelo meritato.

22 ottobre, 13.25
Mi avvicino al secondo giorno di permanenza a Madrid con una verità: mi sento un po' meno mio.
Ieri sono entrato in un bar gay della città e sono stato letteralmente assalito da un paio di cretini vestiti da personaggi di Dragonball che volevano baciarmi e farsi una foto con me. Poco male, se non altro grazie a Goku & Co. sono andato via e non ho bevuto neanche una birra.
Ora sto qui a guardare la mia faccia spiaccicata su una rivista spagnola che, in un trafiletto, spiega che ho deciso di raccontare che sono gay. E questo è tutto?
In questo Starbucks sconosciuto non mi sento né protetto, né a mio agio, né comodo.
Il senso di disorientamento che ho addosso è simile a quello che provavo intorno ai vent'anni, quando, finalmente dimagrito, mi ero reso conto che i miei problemi non si erano volatilizzati insieme ai chili di troppo.
Odio il mio isolamento, ma è come se in questo momento non vedessi una reale alternativa alla vita in Inghilterra e sono stanco perché non voglio mollare il progetto di tornare a vivere in Italia.
Cazzo, sono sempre lo stesso! Si stanno schiudendo le uova che gli antichi mostri avevano deposto prima di andar via perché si generassero nuovi e più ingegnosi eredi?
Il cono d'ombra che invade il mio umore si allarga e oggi non sorrido.
Ho ancora rabbia dentro, e troppi residui di scarso rispetto per me stesso.

E ci risiamo. Di nuovo notizie false e supposizioni su una mia passata relazione, stavolta la notizia arriva dal Messico. E io, costretto a intraprendere la seconda azione legale in un mese – e la seconda in trent'anni –, odio. Di nuovo e a distanza così ravvicinata dall'ultima volta. E sempre a causa delle menzogne di qualcuno che non ho mai nemmeno conosciuto, qualcuno di cui non sospettavo neanche l'esistenza, a dire il vero.
Penso a Dexter, il serial killer dei balordi.
Dio, proteggimi tu dal grigiore che oggi mi porto dentro, non voglio essere questa persona alterata dal male che qualcuno mi fa solo per il gusto di farlo.
Mi consolo osservando la felicità degli altri. E, mentre lascio la mia vita girare confusamente a 4000, guardo un uomo che – seduto di fronte a me – la vita l'ha fermata con un anello al dito. Magari lui le risposte ce le ha, risposte che andrebbero bene anche per me.
E mi abbandono alla birra col limone, che rende il mio umore mica tanto diverso e la mia condanna umana identica a tante altre.

24 ottobre, domenica
Pro e contro di Madrid.
Pro: tutti simpatici, di supporto, poco bigotti, disponibili, sereni. Contro: troppa birra.
Quindi, dopo due giorni da "amico di tutti", mi vedevo pronto a tornare in Inghilterra. Ma poi si è accesa una lampadina e, quando ero già in aeroporto, ho comprato un biglietto per Roma.
Quindi, vado dai miei amici prima del previsto e con un'altra testa.
A Madrid comunque, birrette di troppo a parte, ho fatto il bravo.
Mi piace la mia fama in Spagna: né troppa, né poca.

Quanto basta per incontrare belle persone senza sentire la necessità di scappare. E adesso sono felice. E ubriaco e grasso... ma questa è un'altra storia!
L'amore rimane l'unica vera urgenza, anche se non fantastico più. Andrò incontro agli incontri, e basta.

28 ottobre, 19.55
Sono a casa e fa freddo.
Dopo aver passato mezza giornata dall'avvocato a parlare di gente che racconta bugie sul mio conto ai giornali, mi sono sentito come non sono: rabbioso, arido di buoni sentimenti, vendicativo, guidato dal disprezzo e dal livore e – peggio ancora – costretto a essere tale.
Odio vedermi così, odio quando il mio sonno è interrotto dall'odio, odio non riuscire ad addormentarmi per la rabbia e odio queste occhiaie che mi ricordano che sono tre notti che va avanti così.
Odio riavvicinarmi al mio paese, il MIO paese, e vedere che – proprio quando dopo otto anni sto per ritrovare la fiducia per tornare – è un posto in cui chiunque può svegliarsi la mattina, scegliere di mentire e trovare spazio su testate autorevoli per farlo liberamente.
E poi, quando tutto finirà – sempre che quel giorno arrivi –, come finirà? Con una smentita di due righe mimetizzata tra la pubblicità di un elettrostimolatore e una crema antirughe?
Mi sembra troppo poco, troppo poco per il male, l'imbarazzo e l'ingiustizia che sto subendo. Mentre faccio fatica a credere nelle persone buone, anche se so bene che sono tante, anzi, che sono DI PIÙ. Le persone cattive sono un gene impazzito, l'eccezione dell'ecumene, la percentuale minima, un brutto dato di fatto... ma ci sono.
E quindi torno a pensare all'origine, a me. A quanto

sono stato male e a quanto non voglio starci più, alla stanchezza che ha infiacchito giorno dopo giorno la mia capacità di sopportazione. Perché io sono buono e il mondo è buono, ecco l'ho scritto.
Ora voglio far finta che gli unici cattivi siano quei due calunniatori, insulsi esseri umani da quattro soldi ai quali ho dedicato fin troppo spazio in questo quaderno: sciagura a loro!!!

31 ottobre, domenica, 16.37
Tolgo occhiali e giacca e smetto i panni di quello che sta a proprio agio nel mondo, che non è il caso.
Sarà l'effetto di questa domenica di merda.
Mi scoppia la testa a forza di chiedermi come potrebbe andare, ed è inutile che insista: questa chiave di lettura adesso non riuscirei a trovarla.

8 novembre
La fiera delle assurdità continua, mentre cerco in mezzo alle strade di Milano la via per la serenità.
Da quando mi sono esposto così tanto, parlando di cose così "mie", la gente sembra più gentile con me, più tenera. Ieri, addirittura, un tassista non ha voluto che gli pagassi la corsa.
Le persone mi ascoltano parlare e scherzare con più attenzione, è come se adesso tutti credessero un po' di più a quello che dico.
Che situazione surreale. È il 2010... proprio come lo raccontavano nei film di fantascienza degli anni settanta. Tutto è veloce, automatico, ma non per questo meno triste. Oggi, anzi adesso, vedo le cose così. Sarà colpa di questa nuova abitudine di dividere il tempo in tante finestrelle isolate in cui il "per sempre" non esiste, per non rischiare di rimanere delusi. Allora, ADESSO è così.

9 novembre
Ieri il ragazzino di dodici anni che è in me, e che domina grandissima parte delle mie azioni, ha dato dimostrazione di grande ingegno: ho scritto un biglietto a un ragazzo... e gliel'ho fatto consegnare da Martina. Neanche in seconda media ho mai fatto queste cose. Sono dovuto fuggire per la vergogna, ancora adesso non posso crederci. Inutile dire che è stato un buco nell'acqua. Che tristezza, a trent'anni ridotto così... mah!!!
Lode ai miei amici che mi hanno aiutato a distendere le pieghe del lutto con qualche risata che ha sdrammatizzato questo bel due di picche.
Diciamo che c'è tanto margine di miglioramento, mettiamola così. Dovrei approfittare della presenza dei vari "mosconi" del momento per alleggerirmi la vita, ci proverò.
Dopotutto, gli americani hanno ragione: in attesa di Mr Right bisogna passare attraverso diversi Mr Right Now. Banalmente tradotto in: per trovare quello giusto devi passare attraverso tanti sbagliati.
Intanto me ne torno in Inghilterra e rimando il giorno in cui riuscirò a far mia questa morale.

10 novembre, 14.16
Tanta gente legge il mio libro e mi chiede come sto. Io so solo che per capirlo ho bisogno di continuare a scrivere questo quaderno, perché magari un giorno rileggendolo troverò la risposta.
Lavorando sul libro mi sono accorto del grandissimo valore terapeutico che hanno per me queste righe buttate giù d'impulso.
Ieri non capivo se il bruciore che avevo nel cuore era causato dalla presenza di persone sbagliate accanto a me o dall'assenza di quelle giuste.

È uscito il primo articolo della mia vita in cui sono stato "paparazzato". Ci sono io in giro per Milano con i miei amici. Non mi ha dato fastidio, onestamente, l'ho trovata una cosa abbastanza discreta. Hanno anche buttato lì l'ipotesi che Douglas fosse la persona con la quale mi "accompagno"... questo mi ha fatto sorridere.
E quindi è meglio patire le conseguenze della presenza di persone sbagliate o quelle dell'assenza di persone giuste?
Stanotte mi sono svegliato in preda a un attacco di panico. O almeno credo che lo fosse. Mi mancava il respiro, stavo male, credevo che non sarei più riuscito a scrivere una canzone, che avrei perso la voce, che sarei stato per sempre solo. Tutte le paranoie concentrate in un nanosecondo. Sono questi gli attacchi di panico? Allora sono proprio brutti.
Ho fatto meta, ma come faccio a trasformarla, a mettere il pallone tra i pali con un solo calcio da così lontano?
Sento di aver fatto dei bei passi avanti, solo che ancora non mi sblocco del tutto. Ho paura di tante cose e tante altre stanno cambiando intorno a me. Le paparazzate, le notizie false... non sono abituato, mi terrorizzano.

14 novembre
Torno a Latina perché questa settimana l'Inghilterra mi ha già mandato abbastanza nel panico. I paparazzi mi hanno seguito fino a casa, scattando foto mentre andavo in palestra, a fare la spesa, a lezione di hip-hop. Non è esattamente la vita che volevo.
Intanto un certo Alessandro, conosciuto a Milano, mi riempie di messaggi e anche se sulla carta potrebbe

sembrare il giusto episodio leggero da parentesi breve, non ci riesco, non mi va. Non penso che sia il caso di sforzarmi, non è questo che voglio.
Tutto langue. Per fortuna sto mettendo insieme le canzoni per il prossimo disco, e non c'è dubbio, il titolo sarà – inevitabilmente – *L'amore è una cosa semplice*.

19 novembre, venerdì
Strano come quest'anno Natale si stia avvicinando senza che me ne freghi davvero qualcosa. Non sento gli effetti benefici delle feste che arrivano e che invece, storicamente, mi hanno sempre tirato su.
Sono anche dovuto andare dal foniatra perché ormai da settimane sono giù di voce. Mi ha consigliato un breve periodo di terapia da una logopedista, anche se non è nulla di grave, solo un po' di affaticamento.
Dopo l'ultima paparazzata, poi, tutto mi sembra ancora più squilibrato. Mi sento usurpato dei miei spazi, dei miei nascondigli, e la mia casa inglese all'improvviso non ha più senso. E poi nessuno si avvicina veramente a me. Prima mi vedevano come un enigma da smontare, ora come una cosa complicata da ottenere.
L'unico che si sta meritando "honoris causa" un po' del mio tempo di qualità è 'sto Alessandro, che almeno mi sta dietro senza nessuna paranoia... né sprazzo di emozione, purtroppo.
Però dove non arriva l'amore a salvarmi arriva la musica e, come sempre, in un momento complicato nasce qualcosa. Questa si chiama *La differenza tra me e te* e le voglio già tanto bene.

LA DIFFERENZA TRA ME E TE!

LA MIA VITA
[illegible] ~~vita~~ mi fa perdere il sonno sempre
mi fa capire che è evidente
la differenza tra me e te
poi [illegible] mi chiedi come sto e il tuo sorriso spegne [illegible] gli tormenti
~~e il mio [illegible]~~
e [illegible] domande a stare bene e stare male e testimoni'e la cercare te...

LA ~~DIFFERENZA~~ TRA ME E TE
NON L'HO CAPITA ~~VERAMENTE BENE~~ FINO IN FONDO ... ME E TE
UNO ~~DEI~~ DUE SA FARSI MALE L'ALTRO MENO PERÒ ME E TE
È QUASI UNA NEGAZIONE e
~~[illegible]~~
le mie parole nei dettagli e nei disordini ... tu no
e temo [illegible] il tuo passato e il mio passato ... ma tu no
ME E TE è con amore... che sembra difficile

LA DIFFERENZA 15/11/10

LA ~~DIFFERENZA~~ TRA ME E TE
TU "COME STAI? BENE." IO "COME STO? [illegible]!" ... ME E TE
UNO ~~SA [illegible]~~ ~~È FELICE~~ SORRIDE DI COM'È L'ALTRO PIANGE COSA NON
E PENSO SIA IN ERRORE ... E PENSO SIA BELLISSIMA
~~[illegible]~~
~~[illegible]~~ Ho due tre certezze, ~~qualche ansia~~, un punto ~~[illegible]~~ e qualche [illegible]
Hai molte domande, alcune [illegible] ~~[illegible]~~ lo dico
ME E TE ... elementare ... da volere andare via.

Se la mia vita ogni tanto osservare
l'inutilità di queste insicurezze
non te lo direi
ma se un bel giorno [illegible] dalla vita
tutta la tristezza forse già ~~[illegible]~~ finita ... la verrei da te

26 novembre, venerdì, 14.38
Ho avuto paura. Di nuovo.
Erano settimane che il Mostro, l'erede dei vecchi mostri, non si palesava. Il rancore.
E stavolta non l'ho visto solo io.
Ieri sono uscito con Andrea e i ragazzi e dopo cena siamo andati a prendere un cornetto caldo. Un insulto, l'unica parola pronunciata dall'unica persona presente oltre noi, uno solo ne è bastato per accendere la delusione sul viso di Andrea. Ed è stato questo che ha risvegliato l'erede dei mostri. Lui.
Io sono abituato alla perfidia della poca gente veramente cattiva, ma lui cosa c'entra? Non mi è piaciuto vederlo ferito perché io ero stato ferito. Perché per me è diverso, vado avanti e rendo conto solo a me stesso, invece lui è stato preso alla sprovvista e questo non potevo permetterlo.
Sono andato da quella nullità facendogli notare quanto nullità fosse e come, appunto in quanto nullità, non meritasse di girare libero per il mondo. Il tutto con un tono molto pacato, naturalmente. Se n'è andata la nullità, zitta e a testa bassa, e il Mostro si è placato.
Ma non è questo il punto. Il punto è che, pur avendo risolto la questione con chiarezza ed eleganza, non sono riuscito a tornare in me e a essere sereno. Ho lasciato il cornetto a metà – forse questo è l'unico lato positivo della vicenda – e sono rimasto amareggiato fino a tarda notte... senza prendere sonno.
Di fronte a questa personale sconfitta – la delusione di vedermi piegato alle ire del Mostro –, credevo di poter tornare a casa già sufficientemente triste. A quel punto la barista che ci stava servendo – e che aveva sentito tutto – mi ha guardato con la testa leggermente inclinata, lo sguardo tenero e preoccupato,

gli occhi dolci e un po' lucidi di una sorella maggiore che cerca il modo per offrire la sua più sincera consolazione, e mi ha chiesto: "...eppure pensavo stessi bene. Ma perché hai ancora tanta rabbia dentro?".
Tanta rabbia dentro. Quelle parole mi riecheggiano nella testa all'infinito.
Avrei potuto negare e fare l'indifferente, ridere come al solito, fare il buffone, ma non ce l'ho fatta. Il suo cuore sincero le aveva permesso di veder spuntare fuori quel sudicio mostro e di assistere alla mia lotta contro di lui. Le ho voluto bene e me ne sono andato spiegandole che è un periodo di transizione, un periodo in cui devo aver pazienza, perché ci vuole tempo. Me ne sono andato un po' perché non era il luogo adatto per parlare di certe cose, ma soprattutto perché ero troppo scosso da un esempio di così chiara e spiccata empatia tra persone che neanche si conoscono.
Torno a Milano per portare avanti la mia corsa sperimentale attraverso i Mr Right Now. Mi sta riuscendo malissimo, intravedo all'orizzonte l'alba di un insuccesso!!!

29 novembre, lunedì
Il fine settimana è stato divertente, come sempre a Milano, ma far quadrare il cerchio continua a essere molto difficile.
Io non mi sento un don Giovanni dell'ultima ora. Non posso recuperare in poche settimane ventinove anni di inesperienza, ventinove anni di goffaggine accumulata con grandi sforzi di auto-isolamento dal mondo. Mi do qualche altro giorno e rinuncio, tanto poi arriverà il disco a tenermi occupato... altro che baristi, psicologi, fattorini.
Ieri uno a cena ha deciso di spiegarmi cosa sbaglio durante l'interpretazione delle mie canzoni. Mi sembra-

va una scena surreale, mentre lo ascoltavo, giocherellando con le bacchette del sushi per tentare di nascondere imbarazzo e pena, disquisire sulle mie imprecisioni vocali, alle quali lui avrebbe posto rimedio con una serie di esercizi. Eliminato: all'istante.
E poi, dai, posso frequentare uno che si chiama come Giannini? Pensa agli sms inviati per errore: sarei stato l'unico caso di artista licenziato dal manager dopo il primo "amore, ci vediamo alle 18" inviato per sbaglio. No.
Ok, la scena era surreale, anche se questa vita di uscite serali un po' alla *Sex & the City* è talmente nuova che, se la prendi con la dovuta ironia, ti concede la possibilità di portarti a casa aneddoti con i quali far ridere una tavolata di amici.
Niente da fare, sono un eremita.

3 dicembre, venerdì
Vado incontro al nuovo anno con troppa curiosità di capire cosa succederà. Sono stufo, stufo di tutti, basta surrogati di persone interessanti, incroci umani venuti male, esperimenti mal riusciti di creazione di personalità, ibridi amorfi... tutti a casa. Quindi, niente regalo di Natale a un futuro ex e invece tanta frivolezza e sana leggerezza.
Ultimamente mi piace pensare al disco nuovo e solo a quello. Lui sì che non mi delude, mi basta pensarlo per emozionarmi.
Adoro questa vita improvvisata da artista e scrittore disoccupato, questa vita che mi porta dove vuole.
Ad esempio, domenica vado a Porto con Antonella e una sua amica, così su due piedi.
C'è bisogno di seminare meglio, e la buona semina richiede calma. Quindi mi dedico a qualcosa che so

fare: dissipare le forze struggendomi nei quattro minuti di una canzone.
Una canzone con la quale voglio soffocare il sudicio mostro che mi minaccia, una canzone piena di risentimento verso chi ha calpestato la mia fragilità pur accorgendosi benissimo che c'era. Rancore in una canzone, quindi... per la prima volta.
Si chiama, paradossalmente, *Troppo buono*.

10 dicembre, venerdì
Non avevo voglia di scrivere perché ho sonno, ma due righe portano sempre bene al "power week-end", soprattutto calcolando che ho ripreso la ricerca della casa e che, nonostante i trascorsi che hanno segnato il mio inizio di vita gay, oggi sono davvero di buonumore.
A Porto siamo stati benissimo anche se pioveva e c'era un vento assurdo, ma come al solito è la compagnia, la buona compagnia, che fa la differenza durante una vacanza.
Quella che non fanno i messaggi asettici dello sciame di deficienti che mi scrive su questo Facebook. Mi viene sempre più voglia di aprire un anti-social network tutto mio. In cui si scagliano anatemi, si concede l'inimicizia e invece di "mi piace" puoi cliccare il "mi fa cagare". Così che ogni foto brutta, ogni frase o citazione anonima, ogni pianto on line, ogni litigio telematico, ogni traccia di vita di chi vive sulla Rete dimenticandosi della vita reale, possano essere giudicati per quello che sono. E basta autocitarsi e credersi poeti solo perché il tasto "invio" ti permette di pubblicare le tue insulse disquisizioni sull'amore, il sesso, le unioni, la fedeltà e l'amicizia. Ma trovatevi una vita... e dei problemi veri. Io resisterò ancora per poco.
In tutto questo mi manca un po' l'Inghilterra, mi man-

cano le entrate e le uscite da casa senza essere monitorato dal mondo.
E per distrarmi, come ogni anno, ho disegnato il bigliettino di Natale per tutti.

28 dicembre, martedì, 18.11
Il periodo natalizio per la prima volta non mi è sembrato magico per niente, solo infinito.
È un'altra, però, la luce con la quale mi avvicino all'an-

no nuovo. Quella del mio bimbo: il disco a cui sto lavorando.
È la prima volta che affronto la realizzazione di un disco con l'entusiasmo che normalmente riserverei a qualcosa che non conosco, come se fosse la mia prima volta. Solo che la reale prima volta in studio ero troppo nervoso e occupato a dare il massimo, così non mi sono rilassato. Davo più del necessario forse.
No, non più.
Quello che mi si para di fronte è un viaggio bellissimo durante il quale voglio godermi il paesaggio, senza preoccuparmi di quando arriveremo a destinazione o di quale sia la meta.
Di quest'anno salvo i miei trent'anni e – come tutti banalmente lo chiamano – il mio "coming out", la mia nascita come individuo libero e (un giorno) sereno.
È arrivato Natale e ha riallineato tutto: la mia vita controcorrente, la mia rabbia residua, il livore verso le persone false, la fretta di risolvere ogni problema.
Inizia una nuova stagione e già mi piace molto, anzi, ho l'impressione che potrebbe farmi innamorare tanto da non essere in grado di gestire il momento, per una volta facendomi perdere davvero il controllo e spingendomi a lasciarmi andare a quello che davvero mi rappresenta. Torno alla musica: torno alla luce dei miei occhi con una consapevolezza nuova nello sguardo.
Mi sento meglio e quando penso alla mia condizione sono molto più sereno.
In più, in maniera del tutto casuale ho trovato una casa in affitto a Milano. Una casa nuova, non troppo grande, comoda e che ricorda un po' quella inglese... quindi mi somiglia.
A Capodanno andrò a Madrid con Marco, Andrea e Rebecca... e Madrid non è mai un errore.

La penultima pagina del 2010 non può essere il solito elenco di pippe mentali con il quale riempio puntualmente questo diario, eh no.
Quindi, sorrido.

30 dicembre
Ieri ho passato la giornata rapito dalla commozione. Commozione per ogni cosa, ogni messaggio, ogni parola ricevuta, e ho pianto.
Ho pianto di gioia perché sono felice e, come sempre in questi casi, sono andato in chiesa. Vado in chiesa a dire grazie, torno da Dio solo quando non voglio chiedere nulla, e mi piace farlo da solo, meglio ancora se nella mia chiesa preferita, in un quartiere anonimo di Madrid, a cui sono profondamente legato. Avverto una buffa sensazione di semplicità di dialogo con Dio, in quella chiesa. Non ha nulla di particolare o di unico: non è intima, anzi è grande, sfarzosa, solenne. Ma ho l'impressione, quando sono seduto in uno dei suoi banchi, che Dio mi ascolti. O che mi ascolti con più attenzione. Forse quel quartiere anonimo confina col Paradiso e nessuno lo sa.
Allora sono tornato lì, perché Dio meritava di ascoltarlo da vicino il mio grazie per tutto quello che ho ricevuto nel 2010.
Dedico quest'anno che finisce al dono della vita, ai miei amici veri, ai trent'anni, alla mia rinascita e al disco che di tutto questo sarà la testimonianza.
Il 2010 è stato uno degli anni più belli della mia vita, chi l'avrebbe detto?

2011

1 gennaio
Flavio: "Auguri fratellone mio! Ti voglio bene".
E il 2011 già mi piace.

2 gennaio
Sto tornando da Madrid e mi sono talmente divertito che prolungo la mia gioia guardando nel cellulare i video della serata.
Mi sono appena reso conto che il 2011 è anche l'anno dei miei dieci anni di carriera, devo fare una festa!
La vita mi toglie il sonno, e più penso a qualcosa, più idee mi vengono: ho mille progetti per questo anno.

4 gennaio
Seduto su una panca di legno di fronte al Lago di Fogliano deserto. Al freddo umido della pianura Pontina. La mia terra restituisce sempre pace ai miei "perché" scombinati e l'odore degli alberi che mi ricordano l'infanzia mi rassicura, è qualcosa che non cambia mai. Sta lì come un amico fedele, uno di quelli su cui sai di poter contare sempre.
Ogni tanto mi piace passare qui le mie giornate, da quando ho lasciato l'Inghilterra torno spesso a Latina

per recuperare il contatto con la città in cui sono nato e che mi ha visto crescere. È tutto così diverso, su una scenografia che non cambia mai.
E mi riavvicino a questi luoghi con circospezione e curiosità, come sperando che risveglino in me sentimenti dei quali non ricordo le sensazioni. Vorrei essere sorpreso e riabbracciare la mia terra, quella che conosco meglio di tutte le altre... e sentirla di nuovo casa mia, come un esiliato che ritorna.
È qui che oggi mi chiedo in che modo si dipaneranno i fili della mia vita, è a questo paesaggio familiare che oggi affido i miei sentimenti più fragili.
Non saprei spiegarlo diversamente, ma sento che la mia terra e io siamo fatti l'una per l'altro e ci apparteniamo, ci possediamo, ci invadiamo, ci controlliamo, come in una bizzarra guerra d'amore in cui alla fine degli scontri ci si ama per quello che si è.
Per la prima volta non sento l'esigenza di fuggire e rovinare tutto, ho pochi dubbi e comunque tante domande. In fondo la mia terra è qui, a contemplare la mia vita e a conservarla nel tempo, a farmi compagnia o a scuotermi con violenza.
È la magia di un ri-incontro.

6 gennaio
La malinconia ha preso il sopravvento: odio la fama, odio gli stipendi bassi, odio questo quaderno e la casa di Milano mi sembra solo un altro incomodo.
Ho capito: l'Epifania tutta la calma si porta via.

11 gennaio, martedì, ore 7.55
Data simmetrica, 11.1.11, tutti 1, tutto giusto.
L'ultima volta ho scritto il 6 gennaio... quando stavo per arrendermi all'idea che non ci fossero belle sor-

prese in arrivo. Invece mi sbagliavo. Le belle sorprese a volte uno se le deve cercare e io ho trovato Roma. La mia seconda città mi mancava e ho fatto una cosa un po' da turista americano: mi sono sistemato in una casetta al Testaccio e ci rimango qualche giorno, per riprendermi il mio dialogo con questa poesia di posto. Mi sono buttato in giro per le strade della Città eterna, tra negozi che non conoscevo e posti che non dimenticherò mai, tra il freddo imperante e lo stupore dei passanti che mi guardavano sfrecciare tra i giapponesi con la Nikon in mano. Bello, bello cercare sorprese e trovare Roma... che per me è sempre un bel punto e a capo. I vicoli di questa città mi tolgono il fiato, straripanti dei ricordi fissati nelle pagine dei calendari di me bambino che venivo qui a trovare i nonni.

Ricongiungermi con le strade della Capitale è sempre un po' doloroso, come imbattersi in un album pieno di foto di momenti splendidi... che non torneranno più. È l'eterna bellezza malinconica di questi palazzi senza tempo. Sarà che se dovessi immaginare uno spazio per i miei pensieri più profondi sarebbe così, come qui, come Roma.

E poi è già da un po' che, con i miei amici di Latina, organizziamo la Black Night. Con Roma non c'entra niente, ma ha molto a che fare col ritorno alla pace con i luoghi della mia vita. La Black Night è una serata errante in cui Cesare suona musica hip-hop e io e Andrea intratteniamo.

Ho portato dall'Inghilterra tutto il mio abbigliamento XXL – i cappellini, i pantaloni enormi, pure le catene – e una sera a settimana ballo... ballo e non penso. Incastro nelle metriche dei testi delle canzoni "nere" i movimenti che ricordo meglio delle lezioni e basta, non ho altre preoccupazioni, ed è una maniera buffa di far pace con un territorio dal quale eri un po' fuggito: divertendoti.

12 gennaio, mercoledì, 14.11
Giacomo: "Sai che ti voglio bene?". E anche oggi la giornata è già bella così, oggi che avevo voglia di sentirmi protetto è bastato un messaggio per capire che sono al sicuro.
Le persone alle quali voglio bene e gli amici sono stati importantissimi nel percorso che ho intrapreso qualche anno fa.
C'è qualcosa di estremamente poetico in quella specie di giuramento che sta alla base di ogni amicizia vera, quello per il quale chi tiene davvero a te ti difenderà sempre, quali che siano le circostanze. È così bello da far male, da sentire il cuore stringersi.
Come quando mangiavo per solitudine, e con la solitudine e l'isolamento mi punivo. Mi sembrava che loro fossero sempre lì. Lontani migliaia di chilometri, i miei amici mi ascoltavano, mi rispettavano, mi seguivano col pensiero, mi aspettavano. Senza mollare mai. È la prova di fedeltà più pura che esista, quella di un amico che sa attendere.
Cambiando discorso, ho iniziato una specie di terapia riabilitativa con una logopedista. La mia voce risente del fatto di essere stata usata poco e male e del maledetto riflusso gastrico. Non c'è da scherzare, la produzione del disco si avvicina.
Ora è il momento di amare la mia cara vecchia compagna, amica lunatica nata insieme a me e per questo in linea con i miei piaceri e dispiaceri. Cara voce mia, adesso ti raddrizzo io!!!
Si procede a favore di vento... e non c'è niente da fare.

20 gennaio, giovedì, 16.41
Spolvero tutti i cassetti e le mensole del mio cervello e spazzo via le ragnatele cercando i rimasugli di un'idea per la canzone che voglio comporre. C'è ancora molto da dire prima di considerare questo disco "scritto". È che lasciare che la vita venga completamente stravolta prevede la possibilità di dover accantonare anche solo per un po' qualcosa che è sempre stato importante. Ma tanto le canzoni e io sappiamo che torneremo ad avere qualcosa da dirci.
È anche vero che adesso, se riuscissi a spingere fuori questa canzone dalla testa, mi sentirei perfetto.

21 gennaio, venerdì, 14.30
Sembra che il primo mese di questo 2011 non voglia passare mai.
Vabbe', in compenso ho scritto, il pargolo è venuto alla luce. Questo album sta prendendo una piega molto interessante, tante idee blues, swing, R&B... bello. E non ho intenzione di fermare questo fluire di idee così "ruvide" nei suoni.
Ah, il marmocchio si chiama *...Ma so proteggerti*.

22 gennaio, sabato, 17.32
Arrivano sempre i giorni in cui pensi alle cose difficili della vita, ai momenti complicati. Penso al Messico. Alle centinaia di migliaia di chilometri che mi separavano da tutti e che mi sembravano nulla a fronte della possibilità di vita nuova che mi stavo dando. Lo studio, la musica, i nuovi amici. Quella ricerca d'amore vero che mi ha riportato qui, nella città in cui sono nato.
È surreale trovarsi a scrivere nella stanza che è stata il mio rifugio da quando ero bambino, quando accarezzavo in segreto le passioni, i sogni, i timori. Sono di

nuovo qui, sperando che il mio carattere di merda non rovini tutto e non mi costringa un'altra volta a partire, a scappare con soltanto le mie canzoni tra le braccia.
Le canzoni sono l'amore più sconvolgente della mia vita. Dai primi 45 giri al walkman a cassette col microfono nel quale nascondevo i miei tentativi di testo e musica a sette anni. Le canzoni hanno creato la bufera nella mia vita e ancora non hanno smesso. Le canzoni hanno davvero cambiato le cose, dentro e fuori.
Forse penso al Messico perché mi sento addosso un sentimento che ricorda vagamente quello che dominava le mie giornate a Cuernavaca: timore e curiosità. Voglia di scoprire aggirando ciò che spaventa.
L'ho scritto e lo riscrivo: che carattere di merda. Quando parto col buonumore finisco sempre nel baratro... ma per fortuna anche viceversa.

4 febbraio, venerdì, 15.02
Chissà che disastro di fogli e foglietti sarà la mia cassetta della posta, visto che da mesi non torno in Uk.
Il Minute Maid in questo bar di Trastevere mi fa pensare di nuovo al Messico: quando non c'era l'aranciata, c'era lui.
Niente da fare, in questi giorni mi viene da pensare alle mie vite precedenti.
Ho comprato un libro e come al solito faccio fatica a trovare la voglia di iniziarlo. In più, tenendolo in mano, sono distratto dalla nostalgia dell'estate scorsa, quando lavoravo sul mio, di libro. Scrivere, pensare, ricordare, emozionarmi, la vita in procinto di cambiare mentre a Milano splendeva il sole di luglio... Che bello è stato!
Mi sentivo tra Elvis e Oscar Wilde. Non so se rendo. Questa esperienza ha saputo stupirmi come non succe-

deva da anni, mi ha fatto sentire cresciuto come poche altre volte, e in così poco tempo.
Infatti adesso scrivo un sms a Giovanna, vorrei pubblicare un secondo libro solo per poter ridere come quando correggevamo il primo.

9 febbraio, mercoledì
Ho passato la mattinata a chiacchierare con Giacomo delle cose che mi tormentano: la voce che non va, le due cause in corso contro quel paio di calunniatori, i dubbi che sorgono sul disco, le canzoni, un altro anno di lavoro, esposizione, fama... tutto va dritto verso il solito turbinio e io inizio a sentirne il peso.
L'ansia di un tracollo mi asfissia, e come sempre accade arriva l'amore a salvare tutto con una frase volante: "Loro sono inutili e non sanno che hanno a che fare con una persona tanto speciale, poveri ciechi".
Il destino gira come vuole, ma l'amore resta una cosa semplice.

14 febbraio
Tra case nuove, viaggi, pensieri, stamattina mi sono accorto – dopo l'ennesimo commento in merito – che sono dimagrito davvero tanto. Cosa darei per poter fare adesso il servizio fotografico per la copertina dell'album!!!
Non mi sono mai sentito tanto appagato da una tazza di caffè americano... oh, finché dura me la godo, tanto lo so che prima o poi una pizza mi sconfiggerà!
È San Valentino e le persone che mi amano devono scegliere un oggetto dalla mia Lista per la Casa Nuova e regalarmelo per il compleanno!!!
Al cielo, invece, chiedo di regalarmi una voce nuova, perché questa è diventata quella del Signore delle Tene-

bre, che se provassi a cantare adesso *Ti scatterò una foto* verrebbe giù il Ponte Milvio con tutti i lucchetti dell'amore in un crollo apocalittico!!!
Divagazioni di un cantante che tenta di riprendere le redini della respirazione, del diaframma e dell'epiglottide.

26 febbraio, sabato
Aereo Milano-Roma. Sono appena stato pervaso da un bellissimo sentimento di piacevole leggerezza quando ho realizzato che, finito questo viaggio, non dovrò prendere un altro aereo per sentirmi a casa. Non c'è bisogno di elencare tutto quello che è cambiato in un anno: è evidente, ed è bello.
Il disco procede, anche se mi sembra che manchi ancora qualcosa... che comprenderò non appena l'avrò scritto.
Il cibo ha ricominciato a perseguitarmi e allora io ho deciso di perseguitare lui concedendomi degli sgarri in dosi scientificamente distribuite durante la settimana. Voglio provare a scomporre in numeri questa psicosi. Ma che cosa voglio diventare? Una specie di automa perfetto? Il fatto è che più ci provo, ad avvicinarmi alla perfezione, più mi sento sbagliato.
Michele e io abbiamo preso una decisione epocale. Alla luce dei brani che ho scritto, pensiamo sia giusto andare a produrre il disco a Los Angeles. Partiremo in giugno e lavoreremo con dei mostri sacri della musica mondiale. Già confermato Michael Landau alla chitarra, Vinnie Colaiuta alla batteria, Reggie Hamilton al basso e Gary Novak al piano. A Los Angeles, fuori dal mondo. Vogliamo ridurre al minimo l'apporto dell'elettronica e mantenere il suono molto acustico, ruvido, il più possibile "vero". Le canzoni sono nuove, fresche, spesso dal gusto rétro, ma è questo a renderle innovative per me che sono partito dall'hip-hop, dalla musica prodotta con

tastiere e campionatori. Per uno come me l'evoluzione è esplorare lo standard, e Los Angeles è il posto giusto. Trovo la mia voce molto cambiata. Le sessioni con la logopedista mi aiutano ad acquisire consapevolezza di un'altra fase di crescita delle mie corde vocali. L'universo della voce è quasi spaventoso per quanto è mutevole. La voce segue i mutamenti dell'animo di chi la pilota, è il punto in cui confluisce tutto, lo spartiacque del cuore e del corpo, incredibile.
Incredibile come anche lei – la mia voce – sia cambiata insieme a me nell'ultimo anno. Anche lei liberata da un certo numero di oppressioni, anche lei adesso canta la vita di un sopravvissuto alle guerre interiori, anche lei non ne ha potuto più ed è crollata.
Come nel rugby, portare la palla al di là della linea con fatica e contro tutti. Infatti ho già la maglietta azzurra aderente appiccicata alla pelle e adesso mi dirigo allo stadio per andare a vedere Italia-Galles con Monica!

2 marzo, mercoledì
Se c'è una cosa che ho capito è che tutti cerchiamo l'eterno ma poi, appena ci avviciniamo a lui, sentiamo di dover fuggire.
È quello che ho pensato oggi guardando il braccio di una ragazza all'aeroporto di Monaco. Lei era lì per lavorare: un centro massaggi nel bel mezzo del terminal partenze internazionali, tanto per permettere ai viaggiatori stressati di concedersi quindici minuti di sollievo prima di un'ennesima coincidenza. Una bella idea, credo.
Avevo tempo e quindi ho deciso di concedermi quei quindici minuti – decisione che si è rivelata ottima.
La ragazza aveva sull'avambraccio destro una specie di grande cicatrice rosa scuro che si dipanava lascian-

do intravedere ombre di un azzurro quasi blu. Non abbastanza simmetrica da essere opera di un bisturi, ma troppo regolare per essere accidentale. Guardandola bene ho capito: era un tatuaggio. O meglio, quel che rimaneva di un tentativo di eliminazione di un tatuaggio.
E sono rimasto colpito. La ragazza aveva un'espressione tenera, dolce, ma che lasciava trasparire le tracce di un dolore latente, irrisolto, ancora in corso. Perché ci ostiniamo a introdurre cose e nomi sotto la nostra pelle se poi abbiamo bisogno di eliminarli? E soprattutto: perché ci ostiniamo a cancellarli se sappiamo che comunque i segni rimarranno?
La verità è che la voglia di infinito è comprensibile e incontrollabile. La verità è che anch'io mi sento vittima di questo impulso-necessità e quel tatuaggio estirpato a metà... forse è una follia, ma mi ha consolato.
Perché mi piace incontrare altri fondamentalisti dell'amore come me, gente che va verso il suo destino senza temere danni permanenti, che si consegna al sentimento con l'idea che possa soltanto migliorarle la vita. E mi piace pensare che sotto quel lembo di pelle ci fosse il nome di un grande amore, seppur finito. Qualcosa a cui abbandonarsi almeno per un po' nell'illusione del "per sempre".
Non importa che quel qualcosa, quel qualcuno, poi l'abbia tradita, abbandonata, delusa, no. Il dopo non conta, per noi che non ci accontentiamo di nulla che valga meno di una tempesta emotiva. Perché anche la cicatrice più vistosa sarà sempre meno brutta di una possibilità mancata. La possibilità di sentirsi amati davvero.
E torno in Inghilterra, dopo quattro mesi.

5 marzo
Sono stati giorni strani quelli in Inghilterra, quasi ovattati e vissuti in una bolla in cui mi sentivo nel mio Medioevo. Immerso in una vita di passaggio che non è più la mia. Me ne sono accorto dalle abbuffate e dalla carbonara alle tre del mattino. Non è qui che mi rilasso, non più. Anche se una bella botta di disintossicazione dalla fama mi ci voleva, onestamente.
Che testone duro.

7 marzo, lunedì, 21.48
Avrei voglia di scrivere una lettera pubblica in cui spiego a tutti che sto bene. Che sto bene e voglio dedicarmi solo a quello che mi piace. "Grazie e arrivederci."
Vorrei pensare alle mie cose, viaggiare, incontrare gli amici, pensare, scrivere un altro libro, fare il mio programma radiofonico con Andrea e dedicare tutti i miei pensieri all'amore, solo e soltanto a lui.
Domani andrò a dormire per la prima volta nella casa di Milano.
Oggi per rieducare la voce ho fatto un esercizio. L'ho chiamato "esercizio della memoria".
Ho montato la macchina del karaoke, due vocalizzi e ho iniziato a cantare canzoni della mia infanzia, brani dall'anno 2000 in giù. È stata la mia maniera di riportare la voce a cantare frasi e a toccare note di quando ancora non ero famoso. Forse è un'illusione, ma mi è sembrata una buona idea tornare indietro per riprendere confidenza con il canto. E comunque, che abbia funzionato o no, mi sono divertito. E rassicurato.
Probabilmente ho solo bisogno di tornare a cantare con l'allegria e l'impazienza di quando ero adolescente, senza troppe sovrastrutture mentali, senza troppe aspettative, solo entusiasmo. Non sono lontano, in effetti.

È tipico mio, quando sta per uscire un disco nuovo non mi sento mai pronto, all'altezza, fino a quando non canto sul palco tutta la scaletta d'un fiato. Solo allora, a cose fatte, mi sento sicuro.
Per riuscirci oggi sono bastati il karaoke e qualche canzone di quando ero piccolo... e se adesso mi sento meglio vuol dire che va bene così.

24 marzo
Fiumicino. Ma come si fa a chiudere la business lounge dei nazionali??? Soltanto in Italia si vedono certe cose. Solo per questo mi verrebbe da prendere il treno invece dell'aereo.
Vado a Milano per lavorare con la logopedista e dedicarmi alla casa, ovvero scegliere le tende.
Poi registrerò la quattrocentesima versione di *Smeraldo*, sperando finalmente di trovare una strada sonora per questa benedetta canzone che mi sta facendo dannare.
La voce mi sta restituendo tutti i maltrattamenti ricevuti negli ultimi anni e io sto imparando a essere più delicato con lei. La testa, invece, ormai è inchiodata sul disco nuovo. Dalla Emi mi dicono che i primi brani piacciono molto. Avanzano le idee di primo singolo... io la mia preferita ce l'ho, ma per ora non mi espongo, aspetto di scrivere ancora e riascoltare tutto.
Il prossimo disco sta prendendo una forma che mi piace tantissimo, ma è inutile, l'idea dell'esposizione e della fama ricomincia a pressarmi... e temo di dovermi sentire di nuovo schiacciato, come sempre prima di una nuova uscita.
È difficile coniugare questo lavoro con la necessità di sperimentarsi nel mondo e scoprire la vita per quello che è. È questo che meno amo della musica: il MONDO della musica, gli annessi e connessi.

Ecco, in questo momento vorrei una birra gelata e qualcuno con cui parlare.
Ieri, guardando Milano, mi chiedevo se mi sarei mai aspettato di guardarla con gli occhi di chi si sente bene.
Lo scontro tra la mia vita e il mio lavoro inizia a diventare complicato da gestire.

27 marzo, domenica, 16.37
Ho mille cose da dire e quattrocento punti dai quali partire. È domenica e tutti i pensieri girano vorticosi nella mia testa durante il settimo giorno della settimana, il giorno in cui Dio si sarà pure riposato ma le mie paranoie no.
Sono seduto in un bar di Latina nel cuore dei "ponti che portano a quand'ero bambino".
Girando per la mia città mi sono reso conto di quanto sono stato fortunato a capire che dovevo tornare alle origini. Qui non ci sono grandi sussulti emotivi, ma sto bene. E poi mi sento protetto e aiutato, e per la prima volta questo non mi mette paura di non poter essere indipendente.
Adesso quello che mi fa paura è perdere tempo. Il tempo da passare con me stesso ora che non mi vedo più barricato dietro un muro a curarmi le ferite. Mi spaventa l'idea di perdere la leggerezza, perché ho capito che non è solo la disperazione che ispira l'uomo.
È come se ultimamente mi affannassi a preservare l'equilibrio delle cose, perché mi piace la mia vita e vorrei fotografarla per vederla rimanere sempre così.
Sono passati quasi dieci anni da quando è cominciata la mia nuova vita, e pochi mesi da questo secondo inizio dentro la nuova vita. È ancora tutto da godere.
Mentre combatto gli ultimi strascichi di insicurezza con il cioccolato e qualche birra di troppo. Quando mi

aggrappo al passato per paura del futuro, un po' mi faccio tenerezza e un po' mi faccio rabbia. In ogni caso, mi do tempo.
Sono qui in questo bar con il mio "scudo sociale" – il quaderno –, il mio caffè e il groviglio di pensieri che fa da sfondo a una Latina di nuovo soleggiata.
Me la guardo, la mia città, rileggendo i titoli del pugno di nuove canzoni che tra poco canterò con la mia voce sgangherata.
E quando la foto si scomporrà, e cambieranno luoghi e personaggi, rimarrò io, senza età in una canzone bella o brutta che suonerà dalla radio di questo stesso bar della mia città anche quando non ci sarò più.
Il disincanto è solo una delle tante bellezze che la vita ci offre.

31 marzo, giovedì, 16.33
Di nuovo perso per le strade della Capitale. Dopo una lunga passeggiata e una visita casuale alla mostra del Caravaggio, mi sento davvero come quei turisti in bermuda che girano le città sfruttando ogni minuto che li separa dal viaggio di ritorno.
Ieri ho scritto un'altra canzone, si chiama *Per dirti ciao!* e voglio usarla per chiudere il disco.
Ho sfogliato velocemente questo quaderno e mi ha fatto impressione la scrittura chiara e ordinata di quasi tutte le pagine. Aiuto!!! Che vuol dire??? Prima i miei quaderni erano un concentrato di disastri grafici. Da quando è uscito il libro, invece, sembra quasi che mi piaccia di più scrivere questo diario che le canzoni. Che per fortuna continuano a fluire serenamente dalla mia testa.
Dritte verso il disco nuovo.

3 aprile
Oggi, giornata "1". Mi sono concesso il mio disastro alimentare nello splendore di nachos con patatine e birra. Per questa settimana mi sono giocato il jolly.
La mia voce si sente in colpa e si ritira... come una testuggine.
Chissà quale sarà la canzone che la farà rispuntare fuori?

19 aprile
Scrivo su un foglio a casaccio mentre poltrisco sulla sedia di un bar della mia città, con di fronte un tè.
Oggi frequento la vita per forza, mi obbligo a uscire per non sprofondare nella mia indolenza solitaria. È come quando si va in palestra senza voglia di faticare: perdi tempo e ti illudi che aver affrontato il tragitto, raggiunto la destinazione e adesso stazionare in mezzo alla gente che suda possa bastare.
Oggi mi basta esserci, aver firmato il registro delle presenze... e stop.
Per risvegliarmi dal torpore mi sono forzato, anzi, ho forzato la voce, a un esperimento nuovo. L'esercizio opposto a quello della memoria, una terapia d'urto: l'esercizio della musica futura.
Ho fatto un cd con le basi delle canzoni nuove e le ho cantate tutte di seguito.
Non ho fatto fatica, per niente.
E poi non c'è dubbio, voglio che il primo singolo sia *La differenza tra me e te*, non c'è storia.
Peccato che non sono più magro come qualche mese fa, stavo bene, mentre ora mi vedo grasso e flaccido.
Mi sembro tornato sulla Terra, i miei sprazzi di autolesionismo mi avvisano che non ho solo firmato il registro delle presenze, sto anche applicandomi in manie-

ra puntuale e proficua in una delle arti che mi riesce meglio: l'azzeramento dell'autostima.
Complimenti signor Ferro, lei è una garanzia!

25 aprile
Domenica di Pasqua. Come non succedeva dal 2000, con *Non me lo so spiegare*, scrivo una canzone in questa giornata così poco ordinaria.
Ci ho messo un'ora precisa per iniziarla e finirla. Si chiama *Hai delle isole negli occhi*... e voglio che apra il disco.

3 maggio, martedì
In volo verso Milano. Oggi per la prima volta ho avuto paura di volare. Per un attimo. Ho pensato all'insonnia, ai rumori della casa e a quello della lavatrice che ho fatto partire di notte, maledetto me. Poi ho capito.
Oggi è il primo giorno di lavoro in studio per il disco nuovo.
Nota positiva: la voce, come un bravo strumento responsabile, è tornata in sé. Canto, canto molto. E mi piace come mi piaceva prima di affollarmi la testa di controversie.
La ruggine sparisce a poco a poco. Un po' la logopedista, un po' le erbe e gli oli essenziali, un po' la concentrazione e la dedizione. Tutto qua.
Si atterra dritti verso questo folle progetto, pieno di nuovi colori e vecchie nostalgie.
Buon disco!

10 maggio, martedì, 10.26
È la prima volta che scrivo dalla casa di Milano ed è noioso pensare che la spesa potrebbe arrivare adesso come tra novanta minuti e che il citofono interno non

funziona. Odio quando la tecnologia non si allinea con la praticità a favore della mia vita.
In studio stiamo lavorando sull'arrangiamento de *La differenza tra me e te* e credo che la strada intrapresa sia perfetta. Iniziare col piede giusto aiuta sempre.
Poi voglio fare un po' di esercizio fisico e disintossicarmi delle ultime remore da pigro che deve rimettersi in marcia.
Tra un mese saremo a Los Angeles e la cosa mi preoccupa. Mi sono reinsediato bene in Italia e mi spaventa la separazione proprio ora. Poi l'America mi incute sempre un po' di timore, non mi somiglia anche se mi piace. Diciamo che mi piace col biglietto di ritorno in mano.
Guardo la luce entrare dalla finestra della stanza da pranzo e penso alle nuove cose che hanno illuminato la mia vita durante questo ultimo anno. Questo quaderno colmo di lacrime e speranze sta per terminare. Ho davanti a me una nuova esperienza e non mi resta che raccontarne la bellezza.
Ho una casa a Milano e tra poco registrerò un disco negli Usa, l'avrei detto anche solo un anno fa?
E poi Martina aspetta un figlio. Finiscono le ere per far spazio a capitoli nuovi il cui epilogo non ci è dato sapere.
Anch'io, per esempio, all'inizio di questo quaderno non avrei mai detto che oggi la felicità avrebbe avuto questa faccia.

14 maggio, sabato
Vorrei solo ascoltare duecentomila volte di seguito il demo di *La differenza tra me e te*, non riesco a fermarmi, sono in assuefazione!!!
L'ho fatta ascoltare a Pier, che mi ha scritto: "La diffe-

renza tra me e te è che tu hai scritto un capolavoro e io l'ho solo sentito!".

24 maggio, martedì
Ultima settimana a Milano prima della partenza per Los Angeles. I brani sono pronti per essere suonati dagli americani e io ho iniziato a farli ascoltare ai miei amici. Tutti piangono e ridono. Che bello!
E poi sta arrivando il caldo... e l'estate aumenta la percezione delle emozioni. O perlomeno, a me fa questo effetto.

3 giugno, venerdì
È da un po' che non scrivo, ma mettere tutto a punto per il lavoro in America mi ha distolto dai quaderni. Oggi però ho tempo, ne avrò anche troppo. Sono sul volo che da Roma mi porterà a Parigi, da dove mi imbarcherò per Los Angeles.
All'aeroporto la separazione è stata straziante, come se partissi per la guerra. Ormai, ogni volta che mi allontano da Latina o dall'Italia in genere, il mio cervello vive il distacco come quando ero ragazzino: con una fatica tremenda.
Mentre passavo il controllo e mi dirigevo verso il gate per il primo imbarco, non ho pianto solo perché alcuni ragazzi mi hanno chiesto una foto. Mi sono nascosto dietro gli occhiali da sole, ho trattenuto le lacrime, tirato un sorriso e il momento è passato. Forse è stato meglio, in effetti.
Non che non abbia voglia di andare via. Questa esperienza mi eccita, mi riempie di curiosità, mi stimola e so che farà bene alla mia musica. Ma il ragazzino si scontra con l'artista, come del resto succede da anni. E quindi ho dormito solo tre ore.

13.55 ora locale americana
In volo a un paio d'ore da LA.
Sono intontito dal sonno e dal viaggio, ma non saprei come occupare il tempo che mi separa dall'atterraggio visto che, nonostante il mio talento da operatore turistico, non sono riuscito a farmi dare un posto accanto a Michele e a Fabrizio e quindi sono solo.
Porto qui un pugno di canzoni e la speranza di tornare, dopo tre anni, con un disco che mi faccia sognare.
Oggi chiedo solo una cosa all'America: sorprendimi, cazzo!!!

6 giugno, lunedì
In studio a LA Michael Landau accorda la chitarra e mentre la prova mi sorprendo emozionato solo da un arpeggio.
Qualcuno ha detto che agli Henson Studios c'è una chimica particolarmente positiva nell'aria. Davvero strano. Ma in effetti non può essere un caso se tanti dei più importanti dischi della musica mondiale sono nati qui.
E io voglio che il mio album sia perfetto. Per questo sono venuto.
In sottofondo scorrono le note di *Paura non ho*, suonano e risuonano al ritmo del rullante di Colaiuta che riproduce in maniera impeccabile il suono di batteria che ho sempre sognato.
Come far crollare tutti i timori con due colpi di cassa.
Già tutto mi sembra vero, il mio album perfetto intendo. Abbiamo fatto bene a venire qui.
Dal mio iPod a uno degli studi più importanti del mondo. È strano sentir rimbombare la mia voce qui dentro.
Puntuale come ogni volta che si affronta un debutto, il guerriero non ha tempo per distrarsi: inizia il com-

battimento e la paura di fallire è ormai solo un brutto ricordo.

11 giugno

La prima volta che ho sentito qualcuno usare la parola *poser* avrò avuto otto o nove anni.

Poser: letteralmente, "colui che prova a impressionare", chi si mette in posa, chi millanta. Un impostore, insomma. Il poser è chi imita una passione, l'attrazione verso qualcosa, e passa le sue giornate a inventare metodi per rubare i codici di comportamento dell'autentico ammiratore, copiando alla rinfusa gesti, parole, opinioni, improvvisando pareri e surrogando l'amore con qualunque altra cosa, spesso con la spocchia. Eh sì, perché la spocchia e la presunzione sono preziose per i poser professionisti, la spocchia e la presunzione permettono loro di dare un minimo di autorevolezza e credibilità a un comportamento che altrimenti verrebbe subito smascherato... e allora l'arroganza diventa utile, il mantello sotto il quale stipare, giorno dopo giorno, anni e anni di incompetenza. Ci vuole un certo talento!

Avevo otto o nove anni, quindi. In quel periodo avevo poche fissazioni: i cartoni animati di sicuro, il disegno su tutto, la scuola assolutamente no e poi lo skateboard. Il Santa Cruz, la tavola da skate più ambita del momento. E poi le ginocchiere, il *grip*, il *truck*, le riviste con le acrobazie di Tony Hawk, le ginocchia sbucciate, le mani scorticate e i tentativi mal riusciti di *heel flip*, un salto da fermo con la tavola che – una volta in aria – doveva ruotare di 360° prima di ricadere a terra. Un disastro assoluto, nel mio caso. Ah, poi anche le gare di discesa sulla rampa del garage di casa mia che facevano dannare mia nonna Iole – buonanima –, quasi mi implo-

rava di smettere, guardandomi con la faccia bianca e preoccupatissima dalla finestra che dava proprio sul cancello. Prima fila!
Il poser allora era, per farla breve, colui che magari aveva i soldi necessari per comprare una buona tavola e tutti gli accessori... ma che sullo skate non ci sapeva andare. Non sapeva fare nulla. Lo skateboard gli serviva come status symbol per appartenere a una *crew* – una banda – di veri appassionati.
Io non ero bravo a "scheittare" – come dicevamo noi –, però io e i miei amici eravamo piccoli e non si può pretendere troppo quando hai ancora l'età composta da una cifra sola: se arriva una moda così cool dall'America tu ci devi provare, devi starci dentro, devi impegnarti. E io mi impegnavo e li schifavo i poser perché, anche se sulla tavola ero veramente impedito, comunque ce la mettevo tutta. Mi informavo, provavo e riprovavo, spesso togliendo tempo ai compiti, cadevo, mi rialzavo e poi cadevo di nuovo. Ci credevo.
Anche se poi per me la moda dello skateboard non è arrivata a festeggiare neanche l'esordio degli anni novanta... ero già stufo.
Eppure, qualcosa quella vecchia passione me l'ha lasciata. Quella parola.
Poser. Io sono circondato dai poser, sono perseguitato da questa parola, e ogni volta che mi imbatto in uno di quei buffoni divento intollerante.
Che sia il metallaro che non ha mai veramente ascoltato gli Iron Maiden – mentre io sì – o il B-boy tutto fiero del suo pantalone largo e del berretto dei New York Yankees comprato dal papà in viaggio di lavoro in America che non sa nemmeno cos'è successo nella scena della musica hip-hop prima del 2005. O peggio ancora, i cultori del cantautorato. Ovvero quelli che se non

scrivi canzoni tristi e deprimenti – anche testi di politica però vanno bene – non ti ascoltano. Quelli che se non sventoli termini astrusi che hai passato il pomeriggio a cercare sul Devoto-Oli – sfogliando a caso, visto che nella vita reale non li usi mai, anzi, non li conosci proprio – neanche ti filano, non esisti.
E intanto godo guardando questo popolino di fan insicuri che si sentono migliori, che si sentono intellettuali giusto perché ascoltano per ore quella pentolata di verbi impronunciabili e fuori dal tempo, quella slavina di aggettivi ridondanti che precedono il sostantivo, una fiumana di avverbi di modo (e anche loro precedono sempre i sostantivi... chissà perché, sarà girata una circolare interna in cui si sono detti che si fa così), una profusione massiccia di frasi pleonastiche, espressioni tautologiche e cazzate autoreferenziali: ODDIOSTODIVENTANDOCOMELOROOO!!!
E me li immagino in coda sul Raccordo mentre – bloccati nel traffico, con il caldo e lo smog – fingono di saper interpretare frasi tipo: "Esautoro le evanescenti insipide memorie, puntualmente lo sterile controllo di un disatteso languire trascurai!!!". Mah. Come se il Raccordo bloccato non fosse già sufficientemente straziante.
Intanto, pigiati nelle scatole di lamiera bollente che sono diventate le loro auto, diretti a un aperitivo nel posto radical-chic del momento, i poser-cantautorali ti guardano con sprezzo. Perché sei pop. Quanto mi fanno incazzare quelli che usano a sproposito l'aggettivo "pop", e peggio ancora mi fanno incazzare quelli che lo temono, e peggio ancora e ancora quelli che se ne vergognano.
Io sono pop perché vengo dal popolo e parlo al popolo, sono nato in mezzo alla gente e la gente mi piace, quin-

di parlo con loro, di loro e per loro, e la lingua che uso è l'italiano, quel bizzarro idioma che abbiamo ereditato dal latino e ancora prima dal greco. L'italiano. E per dire che non c'è posto in un ristorante – per esempio – non dico "nelle stanze del cibo rarefatti erano gli spazi" (???!!!), dico "cazzo, è tutto pieno". E sono pop, e tu sei pop perché anche tu diresti "cazzo, è tutto pieno", però poi nei tuoi dischi ti sembra troppo poco nobile parlare come ti viene, perché poi rischieresti – non sia mai – di farti vedere dalle persone per quello che sei veramente. Finiresti per diventare POP.
Poser, anzi, poser di merda. Ci vediamo in fila dal macellaio.
Allora ho fatto un tatuaggio, anzi due. A Los Angeles. L'ho fatto perché l'avevo sognato in aereo, poco prima di atterrare.
Il tatuaggio è una cosa poco da poser se fa male come mi ha fatto male oggi, che mi veniva da vomitare, avevo i sudori freddi e non sono svenuto solo perché Michele mi stava riprendendo con l'iPhone.
Il tatuaggio è molto poco da poser se lo guardo e vedo che mamma e papà adesso rimarranno per sempre sotto la pelle del mio polso destro.

14 giugno, martedì
Sono sull'aereo da LA a Parigi. In America non ho scritto praticamente mai. Ho passato le giornate a friggermi il cervello nel tentativo di ascoltare e seguire tutto. Ed è stato bellissimo, importante. Non dico che già mi mancano tutti solo perché ho davvero voglia di tornare a casa, ma le persone con le quali abbiamo lavorato sono state splendide.
Mi sono chiuso in un mondo di sole note e, anche se in terra straniera, in studio sto sempre meglio che altro-

ve. La vita in studio ti fa dimenticare che fuori c'è un mondo con le sue ore e il suo meteo.
Tutto sembra coccolarti, esiste solo la musica, l'unica vera preoccupazione è lei.
E poi è bello vedere all'opera chi si prende cura delle mie canzoni. Produttore, fonico, musicisti, tutti alle prese con quello che ho scritto nella solitudine del mio inconscio e che adesso è là... a prepararsi per il debutto, il gran ballo.
Il disco. Adesso il disco per me è la cosa più importante e sta venendo proprio come sognavo. Chissà come reagirà la gente ascoltando la mia voce con addosso dei suoni così. Il lavoro in studio mi ha caricato, mi ha dato speranza.
Fisicamente invece sono distrutto, spossato, non ho mai recuperato il fuso orario e non vedo l'ora di dormire nel mio letto.
Il cibo americano è troppo. Troppo buono, troppo abbondante e troppo inevitabile per un malato di carboidrati come me. E ci risiamo. Vorrei essere atletico e sempre in linea. Invece sembro uno zombie in overdose da cibo spazzatura che deambula a caso per i corridoi della propria esistenza.
Meglio chiudere qui perché la curva umorale di queste ultime pagine volge alla catastrofe... e meno male che le registrazioni sono andate bene.

21 giugno
C'è una cosa che mi infastidisce: essere spinto verso un baratro dal Mostro, quel passeggero ingombrante che ogni tanto, senza preavviso, decide di fare un pezzo di viaggio con me.
Avrei voglia di vomitare la mia rabbia addosso a qualcuno. Mi sento un animale in gabbia che osserva i pro-

pri carnefici da dietro le sbarre sopportando soprusi e insulti solo in attesa di un giorno: quello in cui restituirà tutto. E chissà se arriverà mai?
Chissà se sul mio cammino incontrerò, al momento giusto, una persona abbastanza cattiva, piena di sé, volgare e tracotante. E chissà se riuscirò a farla sentire male come chi ha scelto di umiliarmi e offendermi in questi anni, costringendomi a subire la barbarie e l'abbrutimento dell'animo umano. La violenza più grande per un essere vivente.
Vorrei che certe persone fossero condannate all'umiliazione, ma non pubblica, non sarebbe necessario. Vorrei che l'universo donasse loro la consapevolezza di quello che sono e del male che hanno fatto. Per sempre, ogni singolo giorno della loro iniqua esistenza votata al disprezzo della vita altrui.
Ebbene sì, avrei voglia di vederlo, questo spettacolo.
Lo scrivo qui perché magari, come mi spiegava la psicologa, riesco a risolvere la questione nell'ambito della sfera della fantasia. Così, tanto per chiudere la pratica una volta per tutte. Per poi, nella vita di tutti i giorni, ritornare a star zitto e a non rispondere mai al male col male.
Per fortuna mancano ancora due pagine. Mi consola l'idea che possano esserci tempo e spazio per scrivere ancora cose belle prima che questo quaderno finisca.
E mentre mi scende una lacrima, realizzo che domani festeggio dieci anni di carriera.

22 giugno, mercoledì, 12.04
Oggi, dieci anni fa, partiva *Xdono* in radio e un ragazzino appena ventenne quasi sbandava con la macchina ascoltandola la prima volta in diretta.
Non sapevo niente, non immaginavo niente e – nono-

stante fossi convinto del contrario – non capivo niente. Constatazioni: mi sembra che, dopo aver visitato mezzo mondo, l'unica visione che sa davvero sollevarmi e consolarmi dal male di vivere che mi insegue senza darmi tregua sia quella della mia lavatrice, che troneggia davanti a me appena apro il box doccia. Prendo l'accappatoio e ascolto il rumore della centrifuga che va e che riempie il silenzio della mia casa, pervasa d'amore. E questo è dire tutto.

23 giugno, giovedì, 22.32
Ieri è stata una giornata così bella da far male.
La mattina era cominciata col torpore di una lieve depressione che non mi lasciava scendere dal letto. Mi sentivo poco bene, in tutti i sensi.
Non ero nell'animo di festeggiare, ma avevo dato appuntamento agli altri dopo cena per fare almeno un brindisi. Un brindisi che altrimenti prima o poi mi sarei pentito di non aver fatto, non si compiono tutti i giorni dieci anni di carriera. Un brindisi al quale mi avvicinavo tutt'altro che motivato, purtroppo.
Giacomo mi ha portato a cena e già quello mi ha rilassato, mi ha fatto star bene e mi ha immerso in un'atmosfera molto più rassicurante. Andava già bene così. Anzi, onestamente a quel punto mi sembrava il massimo: il grande organizzatore presuntuoso, convinto che nessuno sappia fare meglio di lui!
Ricordati sempre chi sei. L'ho letto sul bigliettino che ieri non avevo avuto il coraggio di aprire mentre a sorpresa esplodevano i festoni, quando sono rientrato a casa di corsa prima di dirigermi verso quel brindisi nato un po' per fare. C'erano tutti, ma tutti. I miei amici e la mia famiglia: i miei amori.
Nella confusione, l'unica cosa che ricordo lucidamente

è che non riuscivo a smettere di piangere, neanche sforzandomi, e non credo di aver mai perso il controllo in maniera così assoluta. E tutto è diventato inarrestabile. Per una volta, una, che mi stavo arrendendo all'infelicità di un giorno non speciale, c'è stato chi ha rimesso tutto sui binari per me, a dimostrazione del fatto che:
a) io non sono l'organizzatore-controllatore più bravo e sveglio di tutti;
b) anche quando i mostri subdolamente mi spingono verso il baratro dell'odio, devo solo continuare a camminare da buon equilibrista sul filo sottile tracciato dall'amore e guardare il male da lassù. E compatirlo. Perché l'amore porta sempre e solo altro amore.

9 luglio, sabato
Quando è uscito il mio libro pensavo che, da allora in poi, chiunque mi avesse visto riempire un quaderno in un aeroporto, un bar, una stazione, si sarebbe chiesto cosa stavo scrivendo. Non credo sia mai successo, ma una cosa devo dirla: questo quaderno è stato spettacolare.
Bello, intenso, pieno di tutto – gioia, dolore, attesa, speranza, stupore, pianto –, e per questo perfetto. È il mio preferito, meriterebbe anche lui di essere pubblicato.
Buona notizia: ho finito i canti del disco in italiano. Ora mancano le versioni spagnole e alcuni lavori di selezione, modifica e perfezionamento degli arrangiamenti.
È una soddisfazione aver finito di cantare tutte le canzoni, specialmente dopo i dubbi e le angosce che ho patito negli ultimi mesi per colpa della voce. Ma ora sono tranquillo. La mia voce è cambiata con me, punto, niente di drammatico. Anzi, è cresciuta con me... per come la vedo io.
Cattiva notizia: mancano quindici giorni al servizio

fotografico e mi faccio schifo. E quindi odio i vestiti, le foto, i discografici, chi mi pressa, e odio i cantanti, presenti inclusi.
Per quanto riguarda il cibo, invece, è da un po' che ho adottato una nuova tecnica: non compro più niente, né un dolce né una birra. Ora, ammetto che dire "niente" è un po' un eufemismo... però mi ci sto avvicinando. E in parte funziona!
Pensavo che l'astinenza da schifezze fosse più dolorosa da sopportare, invece no, nemmeno troppo. Anche se la tecnica va affinata: se cerco bene, nascoste in credenza c'è ancora qualche migliaio di calorie.
Il sarcasmo è solo uno dei tanti servizi che offro.

16 luglio, sabato
C'è poco da fare: quando lavoro a un disco sono diverso. Mi trasferisco in un mondo solo mio, trasloco in un'altra testa che normalmente tengo sottochiave per le grandi occasioni e cambio orari, capacità di seguire i discorsi, senso dell'umorismo, livello di sopportazione delle cose e delle persone... anche care. Mi sposto in una dimensione distante e distinta, tutto il mondo è DISCO e tutta la mia fantasia si esaurisce nella preoccupazione per scalette, testi, intonazione, arrangiamenti, appuntamenti. Solo chi ha fatto un disco sa com'è.
Quando lavoro a un disco mi preferisco.
E mi va bene, soprattutto perché chi mi sta accanto mi capisce e mi rispetta, mi stima anche. Ah, sì... e mi sopporta. Soprattutto adesso che sono agli sgoccioli.
Abbiamo un grande disco, lo confido all'ultima pagina del mio quaderno preferito che – come speravo – si conclude nella gioia.
E non temo, come spesso mi domandano, il giudizio della gente. Quando fai le cose spinto dall'urgenza di

farle gli altri lo sanno, lo percepiscono, e c'è poco da temere: quello che ho scritto in questo album è tutta vita vera, vita vissuta a piedi nudi sull'asfalto. La vedo così.
E il resto non mi interessa: i media, la fama, il bla bla bla. Chi vorrà dire dica, chi vorrà mentire menta, peggio per lui. Per il resto, pace.
Mi dispiace archiviare questo quaderno, custode della partenza della mia personale corsa verso la serenità, che nell'ultimo anno mi ha visto crescere più che nei precedenti dieci. Questo quaderno testimone della mia piccola battaglia quotidiana, delle vittorie che mi hanno visto diventare più forte e delle sconfitte che mi hanno reso più indulgente verso le mie imperfezioni. Questo quaderno che mi ha visto mentre imparavo a ridere dei miei difetti e ad accettare quelli degli altri. Sorrido pensando che – anche se parlo con questo tono da uomo arrivato – è solo l'inizio.
Scripta manent.

18 luglio
Sono tornato in Inghilterra per recuperare un po' di posta e sbrigare delle commissioni. Incombenze così noiose che non mi consola neanche l'idea di mettere un po' di distanza tra me e la gente che mi sta addosso.
Non ho voglia di andare a lezione di hip-hop, né di uscire. Ho voglia solo di tornare.
Non voglio una vita speciale, voglio soltanto passare una serata con i miei amici.
Questo biglietto aereo è una di quelle cose inutili e comprate di fretta nella vita.
Il freddo e la pioggia mi intristiscono, mi vedo riflesso nelle vetrine del mio vecchio Starbucks – teatro di

infiniti monologhi in mezzo a spettatori inconsapevoli concentrati sui loro caffè – e ripenso all'ultima volta che mi sono seduto qui per scrivere.
Lavoravo sul libro, ero pieno di dubbi, in un momento di transizione, ero in attesa e pieno di speranza.
Adesso la cosa che più vorrei sarebbe stare a casa mia con un bicchiere di prosecco gelato in mano e ascoltare cento volte il disco quasi pronto. E pensare, ascoltare, segnarmi gli errori, mettere in discussione alcune scelte, ipotizzare cambiamenti, riscrivere la scaletta e pentirmene il giorno dopo.
Se volere troppo equivale a non volere effettivamente nulla, sto bene così: perché mi accontento di quello che ho. Una vita da affrontare ad armi pari, non importa quello che manca o che va male, non più.

22 luglio, venerdì, 16.47
Disco. Album. Cd. Chiamalo come vuoi, penso solo a quello.
Mi insegue il timore di essere sempre il secondo più bravo della classe, il secondo più bello del reame.

23 luglio
Ultima giornata inglese. E vorrei dire alla realtà, che mi aspetta domani per darmi il benvenuto all'aeroporto di Roma, di non disturbarsi perché non ne ho proprio voglia.
Tutti che mi guardano, tutti che "non voglio disturbarti, ma...". Tutti amici, tutti nemici.
E quindi sto in Inghilterra a scrivere un po'. Perché quando l'animale è ferito si ritira in solitudine. Il gatto va a morire solo, nascosto e lontano dagli occhi indiscreti di chi proverebbe soddisfazione nel vederlo finalmente a terra.

A questo punto arrivo io, di nuovo senza equilibrio mentre in punta di piedi danzo sulla mia paura di vivere male.
Questi giorni sono serviti a poco e niente, dopotutto qui non è più casa mia. Il carico di sentimenti opprimenti che mi invade quando sono in Uk è insostenibile. Persino il bastone della tenda che pende verso destra mi dà ansia, persino dover andare in lavanderia mi angoscia e – anche se in forma lieve – stanotte ho avuto un altro attacco di panico.
Tutto perché, assalito dai pensieri cattivi, mi sono svegliato d'improvviso convinto di aver perso i denti. Ho avuto la bella idea di controllarmeli col dito e mi è sembrato di sentire gli incisivi indeboliti. Suggestione, penso.
I denti sono la mia cartina al tornasole per i momenti di dolore e fragilità d'animo più estremi.
C'è chi avverte male alle ossa, chi soffre di acidità di stomaco, chi ne risente agli arti. In questo Starbucks – mentre dalla vetrina scorgo una ragazza italiana che appena mi ha riconosciuto si è bloccata ed è rimasta a fissarmi provocandomi un certo imbarazzo – posso dirlo: i denti sono il ponte che collega il mio corpo direttamente all'anima.
Allora approfitto dell'unica cosa che l'Inghilterra può ancora darmi: il privilegio di mettermi in vetrina senza – troppi – effetti collaterali.
La verità è che oggi ci vorrebbe un film di Almodóvar. Ma non uno di quelli che ho già visto e dei quali conosco le battute praticamente a memoria, anche in spagnolo. No, un film nuovo, una nuova storia delle sue.
Almodóvar è l'unico che mi fa venir voglia di aspettare ancora qualcosa, un'uscita, un'OPERA. Ci riesce più

di ogni altro artista, più di qualsiasi cantante che amo. Più di Whitney, più di Stevie. Forse solo Lauryn Hill potrebbe superarlo. E Amy Winehouse.
Almodóvar riesce ancora a farmi credere che il mio cuore non è stato sedato dal tempo che passa e dai tanti anni trascorsi in questo deprimente mondo dell'industria discografica.
Almodóvar mi convince che non mi trasformerò mai in uno di quei tristi addetti ai lavori che dicono che fa tutto schifo, che non c'è niente di nuovo e che amano solo quello che gli altri non vedono o non ascoltano.
Almodóvar mi rende curioso come un bambino e mi fa godere come un adulto. E mi fa pensare, emozionare e pure divertire. È uno per cui farei qualunque cosa, perché può contare sulla mia ammirazione più totale e assoluta. Cosa non semplicissima da concedere, per quanto mi riguarda.
Il bello della prima di un film di Almodóvar è l'unicità del momento. Ma questo vale per tutte le cose che mi emozionano davvero.
Come quando ascolterò per la prima volta il demo di una canzone che ho appena scritto ma che non ho ancora mai cantato e che ancora vive solo nella mia mente. La prima volta.
I miei sensi sono vergini e lo sono soltanto durante quei quattro minuti, per quei quattro minuti e poi basta. Subito dopo si intrometteranno la testa, i commenti esterni, la razionalità, la noia... e tutte quelle sensazioni libere diventeranno già "un'opinione".
Me lo ripeto sempre quando ascolto per la prima volta la registrazione di una canzone nuova: "Tiziano, non ascolterai mai più questo brano da 'puro'. Memorizza

le sensazioni che ti dà e non dimenticarle, perché poi il tempo ti distrarrà dalla prima impressione... quella che non torna più ma che vale più di tutte".
Per questo non scrivo spesso canzoni nuove, perché il processo di scrittura-ascolto rimanga per sempre una cosa bella, speciale, rara.
Quando scrivo una canzone parto sempre dal presupposto che nessuno al mondo ha bisogno di me, che sono solo.
È questa leva emotiva che mi spinge a scrivere, a scrivere per fare una cosa solo per me e per me solo.
C'è chi mi chiede se non ho paura di mettere a nudo la mia vita nei versi di una canzone e io non rispondo. Non rispondo mai alle domande che richiedono una risposta troppo profonda. Ho fede nelle persone brillanti e solo le persone brillanti sanno trovare la verità da soli, solo loro meritano di conoscerla.
Quando scrivo una canzone mi siedo. Sempre. Non mi adatto mai alla fretta del momento, fermo tutto e mi dedico a quello che devo dire.
La canzone è la cosa più importante che mi possa capitare e arriva sempre all'improvviso.
Arriva mentre gioco con le note di un piano, mentre scorro le pagine della libreria di suoni e campionamenti del mio computer, ma soprattutto arriva quando la mia voce mi concede l'onore di essere ispirata. E quindi nasce la melodia, quella che credo sia la colonna portante di una bella canzone.
La melodia la suggerisce un verso, ma può anche succedere il contrario. Musica e parole si intrecciano in un gioco di dare e avere perfettamente alla pari e si alternano al comando.
Me lo chiedono tutti di spiegare come nasce una can-

zone, eppure io – che ne avrò scritte un centinaio – non lo so. Forse perché non c'è una risposta sola.
So che non vale darsi un appuntamento, scegliere il giorno o il luogo perfetto, perché l'ispirazione lavora in totale onestà e segue il capriccio di un attimo. Non ama essere pilotata.
So che il momento giusto ti sorprende solo quando non vorresti, ti sveglia da un sonno profondo o ti astrae da un colloquio importante. Non importa cosa stavi facendo... devi essere lì.
Come un operaio paziente il cui lavoro è attendere, con calma. E io mi vedo lì, un pescatore che guarda l'orizzonte di un mare bellissimo al tramonto mentre aspetta speranzoso che una stella gli baci la fronte e lo illumini di ispirazione.
Allora mi butto, scrivo, scrivo frasi in rima che un giorno troveranno la loro musica, o registro melodie delle quali non conosco le parole... perché poi arriveranno. Oppure arriva tutto insieme, allora è il massimo, allora è un miracolo.
Poche canzoni sono arrivate tutte insieme, musica e testo: *Non me lo so spiegare* cantando direttamente la melodia con le parole, d'improvviso di fronte a un piano. *Xdono* pronunciando le frasi dell'inciso già con la musica in testa. *Stop! Dimentica* cantandola quasi direttamente a memoria su un tappeto di musica elettronica. Adesso, *L'amore è una cosa semplice*.
E mi porto sempre dentro quella stessa identica sensazione di pienezza del cuore, anche se forse "pienezza del cuore" non vuol dir nulla. Mah!
So solo che la sensazione che vivo nell'attimo in cui ho appena finito di scrivere una canzone rimane una tra le cose più innocenti e belle della mia vita.

L'AMORE É UNA COSA SEMPLICE

Ho un segreto
ognuno ne ha sempre uno dentro
ognuno lo ha scelto e lo sconta
ognuno volendo e soffrendo
E nutro un dubbio
e non sarà MAI MAI MAI inutile
ascoltarne l'eco
consultarlo in segreto
ed è
l'estate che torna
e sembrava lontana
e tutto è più triste
oppure resiste
quello sguardo da oltraggio che insinua.

(58) TI VERRÒ A PRENDERE CON LE MIE MANI
E SARÒ QUELLO CHE NON TI ASPETTAVI
SARÒ QUEL VENTO CHE TI PORTI DENTRO
E QUEL DESTINO CHE NESSUNO HA MAI SCELTO
~~[illegible]~~ E POI
L'AMORE E' UNA COSA SEMPLICE → ED IO ADESSO ADESSO ADESSO
~~[illegible]~~
~~[illegible]~~
~~[illegible]~~

1.[illegible] ~~Questo è il mio sogno~~ Questo sono io
E ~~Solo~~ io nell'attimo in cui ho deciso
che so tanti volere ma mai per cosa
spero io se ritorno e se poi vado
Questo è la mia gente
~~solo~~ le mie strade, le mie facce
~~[illegible]~~ i ponti che portavo
a quand'ero ~~[illegible]~~ bambino

25 luglio
Domani, servizio fotografico.
Sono dieci anni che mi faccio fotografare, ma davanti all'obiettivo sono sempre a disagio e questo mi preoccupa. Avrò dormito al massimo due ore, non riuscivo a smettere di pensare ad Amy Winehouse che non c'è più. Ero dilaniato all'idea che una ragazza della mia età fosse caduta nella trappola tesa dai suoi mostri.
E ho avuto paura, ho avuto bisogno di dedicarle la notte anche come lezione a me stesso... che in fondo in fondo ho l'impressione – la presunzione – di credere di sapere cosa ha provato Amy prima di andare via per sempre.
Comunque appena torno a Londra le porterò un fiore.

26 luglio
Milano. Stremato dal servizio fotografico, che però è andato benissimo.
Ancora non me ne rendo conto, ma è nata la quinta copertina della mia vita.
Dopo sette ore sul set non mi reggo in piedi, quindi sarò sintetico.
Le due cose che mi hanno destabilizzato oggi:
a) alla Camera non è passata la proposta di legge contro l'omofobia;
b) la fotografa che mi dice: "Ok. Siediti, prendi una penna e fai finta di scrivere qualcosa mentre io scatto. Ecco, prendi quella cartolina antica e magari immagina di scrivere una lettera al tuo fidanzato!". Penso di essere diventato rosso.
Come cambia il mondo, anche se c'è chi spererebbe di no.

31 luglio, 2.49
Mamma quant'è tardi!
È FINITA!!! Il disco è finito. Non posso crederci.
Mancano ancora le orchestre e il missaggio, ma i contenuti, le canzoni, gli arrangiamenti, il cuore... quello ora è sigillato nel computer di Michele. E adesso?
Adesso si riparte. A meno di un anno da una rivoluzione. Chissà quanta luce nuova troverò negli sguardi delle persone che sto per incontrare.
E io che ho di nuovo consegnato un pezzo della mia esistenza alle note di una manciata di brani.
Queste canzoni a me hanno cambiato la vita e se migliorassero anche di pochissimo quella di qualcun altro sarei un uomo felice.
Ed è già iniziato un nuovo capitolo.
Ieri, prima di partire, ho baciato mamma due volte: "Una perché ti sopporto io, una perché mi sopporti tu," le ho detto... E lei si è commossa.
Come sempre, la mia esistenza è pilotata dall'amore.
Oggi la vita è un sogno e mi basto io, mentre mi accorgo che ho tutto e non devo temere niente.
E tutto mi sembra naturale, così come mi sento normale io in questo mare di pazzi in cui nuotiamo noi che cerchiamo solamente di vivere una vita decente, una vita che ci somigli e che ci accarezzi nascosta dietro gli occhi buoni della persona che ci ama.
L'amore è una cosa semplice.